Die Organisation

des

landwirtschaftlichen Kreditwesens

in Bayern.

Die

Entwickelung der Organisation des landwirtschaftlichen Kreditwesens in Bayern.

Dargestellt

von

Dr. Freiherr Wilhelm von Cetto.

München.
Druck und Verlag von R. Oldenbourg.
1901.

Inhalts-Verzeichnis.

Schlufs.

Einleitung.

Mit Recht kann wohl die landwirtschaftliche Kreditfrage als diejenige bezeichnet werden, welche von weittragenderer Bedeutung ist für die vitalen Interessen des Grundbesitzes als kaum eine andere. Mit dem Zeitpunkt, wo die ländliche Bevölkerung die Schranken der alten Grundherrlichkeit durchbrach und der hörige Bauer als gleichberechtigtes Wirtschaftssubjekt seinem Grundherrn gegenübertrat, wo also der Einzelne auf seine eigene Kraft angewiesen war, entfaltete sich mehr und mehr mit fortschreitender Entwicklung der praktischen Erfahrung und Technik auf landwirtschaftlichem Gebiete das Bedürfnis nach Kredit. Dieses Bedürfnis wurde um so dringlicher, je gröfsere Anforderungen die Kosten der Produktion stellten bei relativ billigen Preisen der Produkte, und je mehr die Kommunikationsmittel — Eisenbahn, Seeschiffahrt — einen Handelsverkehr mit der ganzen Welt anbahnten, und die sich unaufhaltbar geltend machende Weltkonkurrenz den Kredit zu einem notwendigen Faktor in der Wirtschaft der Bauern erhob, damit zur Lösung der ländlichen Kreditfrage zwang.

Nachdem die wesentlichen Eigenschaften, welche dem landwirtschaftlichen Kredit anhaften — Langfristigkeit, Unkündbarkeit, möglichst niedriger Zins — bereits in der Litteratur genügende Würdigung gefunden haben, können wir nur darauf hinweisen, dafs auf dem Gebiete der Volkswirtschaftspolitik nirgends weniger als im Bereich des Kreditwesens ein schablonenmäfsiges Vorgehen gerechtfertigt erscheint.

In Süddeutschland und speziell in Bayern setzte die Frage der Organisation des ländlichen Kredits relativ spät ein, und es wird die Aufgabe der nachfolgenden Untersuchung sein, diese Entwicklung und den augenblicklichen Stand der Kreditorganisationen zu behandeln.

Erster Teil.

Der Realkredit.

1. Kapitel.

Kreditverhältnisse in Bayern vor der Gründung des ersten Hypothekar-Kreditinstitutes bis zur Errichtung der Pfandbriefanstalten.

Der Versuch, den Realkredit in Bayern genossenschaftlich zu organisieren, wie er durch das Gesetz vom 11. Sept. 1825, die Kreditvereine der bayerischen Grundbesitzer betreffend, geplant war, blieb im Gegensatz zu andern deutschen Staaten, namentlich Preufsen, wirkungslos. In Preufsen, speziell Schlesien, sehen wir schon 1770 Pfandbriefinstitute entstehen, welche auf genossenschaftlichem Prinzip aufgebaut sind, die Landschaften, eine Institution, welche erst in jüngster Zeit in Bayern eine analoge Nachahmung fand. Für die Befriedigung des Realkreditbedürfnisses der Landwirtschaft kamen hier und zwar erst seit den vierziger Jahren, abgesehen von den Kapitalien Privater, die Kapitalien der Stiftungen und Gemeinden, der Sparkassen, dann aber der sämtlichen als Aktiengesellschaften gegründeten Hypothekenbanken in Betracht.

Im folgenden seien die Verhältnisse, wie sie vor der Gründung der ersten bayerischen Hypothekenbank im Jahre 1835 lagen, gekennzeichnet[1]):

[1]) Nähere Aufschlüsse gewährt »Die Bayerische Hypothek- und Wechselbank«, Festschrift zur Feier ihres 50jährigen Bestehens 1885, woraus das Material der nachfolgenden Darstellung entnommen ist.

Die Zeit der napoleonischen Kriege hatte in ganz Bayern in wirtschaftlicher Beziehung Zustände gezeitigt, welche die Landwirtschaft und Industrie in Konkurrenz mit dem Ausland nicht mehr gleichen Schritt halten liefsen. Der Wohlstand des Landes war erheblich gesunken und unter diesen traurigen Verhältnissen sann man auf Mittel, welche eine Besserung der wirtschaftlichen Lage herbeizuführen im stande wären.

Der Zinsfufs war ein sehr hoher; er betrug 8—9% für den Staat, für Privatkapitalien war er erheblich höher. Mochte auch die Verfassung später den Staatskredit durch Ordnung des Staatshaushaltes in geregeltere Bahnen gelenkt haben, so blieb für den Privatverkehr die Klage wegen Mangels an Kapitalien, die der Landwirtschaft und Industrie zu Gebote standen, eine allgemeine und begründete, nachdem ja noch kein Kreditinstitut bestand, das die Vermittlung zwischen Geld-Angebot und -Nachfrage übernahm.

Zu Zeiten der 1820er Jahre glaubte man diesem Übelstand dadurch am besten abhelfen zu können, dafs man die inländischen Kapitalien hinderte, in das Ausland zu wandern und anderseits versuchte, das ausländische Kapital den heimischen Bedürfnissen dienstbar zu machen. Doch erwies sich diese Mafsnahme als unzureichend, und man wähnte, in der Gründung einer bayerischen Nationalbank das Mittel gefunden zu haben, das geeignet wäre, die wirtschaftlichen Zustände einer Besserung entgegenzuführen. Die ersten Projekte, die zu Tage traten, hatten dabei im Auge, nicht blofs dem Privatverkehr zu dienen, sondern auch dem Staatskredit eine Stütze zu geben, so dafs die Benutzung der geplanten Nationalbank auf Staat und Private berechnet war. Im übrigen sollte sie aber der Kreditlosigkeit der Grundbesitzer steuern, die Höhe des Zinsfufses herabdrücken und dem herrschenden Wucher Einhalt gebieten.

Die Grundlage, auf welcher die neue Bank errichtet werden sollte, war sehr eigener Art. »Alle Grund- und Kapitalbesitzer sollten das Recht haben, der Bank beizutreten. Das gerichtlich geschützte Vermögen der Beigetretenen begründet die Hypothek der Bank. Sie macht in und aufser Landes Anleihen und leiht

Einzelnen Geld. Sie wird von den Ständen des Reiches verbürgt. Vier Millionen Gulden (ca. 7½ Mill. M.) sollten zu 6% und gegen Provision entlehnt, die Gelder hingegen zu 4% ausgeliehen werden. Zur Deckung des sich hieraus ergebenden Defizits sollten 4 Kreuzer von 100 Gulden des auf 500 Millionen geschätzten Vermögens der beigetretenen Mitglieder jährlich erhoben werden, wodurch aufserdem nicht nur die Ansammlung einer entsprechenden Reserve, sondern bei steigendem Kredit auch Herabsetzung des Zinsfufses der zu gewährenden Darlehen bewirkt werden sollte.«

Regierung und Ständekammer hielten jedoch dieses Projekt für unausführbar und kurze Zeit später erschien ein neues, dessen Inhalt ebenfalls auf die Gründung einer Nationalbank zur Beförderung der Geldzirkulation und Unterstützung von Ackerbau, Handel und Gewerbe gerichtet war. Die Bank sollte eine Aktienbank sein, welcher der Staat eine Million, zu 4% verzinslich, vorschiefsen soll, während zwei weitere Millionen von den Aktionären aufzubringen wären. Das Institut verschafft sich billiges Geld durch Wechsel und gegen Anweisung auf Ordre, es übernimmt die gerichtlichen Depositen, gibt dagegen Darlehen auf Grund und Boden und treibt alle Wechselgeschäfte. Dieser Vorschlag scheiterte an der staatlichen Beihilfe, die damals nicht geleistet werden konnte.

Die nächste Entwickelungsphase realisierte insofern das vorschwebende Ziel in besserer Weise, als man dabei nicht auf staatliche Beihilfe rechnete, sondern das neue Institut als eine Privatgesellschaft gegründet wissen wollte, welche der Staatsschuldentilgungskasse Unterstützung gewähren kann. Das Bankkapital sollte sich in 5000 Aktien à 1000 Gulden teilen und die Bank berechtigt sein, alle Bankgeschäfte zu treiben, Geld auf Hypothek zu geben und verzinsliche wie unverzinsliche Bankzettel zu emittieren, welche bei allen Aufschlagsämtern und der Staatsschuldentilgungskasse einlösbar sein sollen. Sie sollte dagegen verpflichtet sein, dem Staat auf den Betrag der unverzinslichen Bankzettel ein zu 4% verzinsliches Anleihen zu geben. Bei diesem Projekt ist zum erstenmale von einer Zettelbank die Rede. Wenn einesteils die schlimmen Erfahrungen, die man in andern Ländern — Frankreich mit seinen Assignaten — mit dem Papiergeld gemacht hatte, abschreckten, diesen Vorschlag zur Ausführung zu bringen, so beanstandete man anderseits die Verbindung der Bank mit der Staatsschuldentilgungskasse.

Nach diesen vergeblichen Bemühungen versuchte man, auf die bereits in der Praxis erprobten Landschaften nach preufsischem Muster zurückzugreifen und die kapitalbedürftigen Interessenten zu veranlassen, sich selbst zu helfen. Die Staatsregierung legte der Ständeversammlung im Jahre 1825 einen Gesetzentwurf über die Bildung der Kreditvereine der bayerischen Grundbesitzer vor, der von den Kammern auch mit einigen Modifikationen zum Gesetz erhoben wurde. Dieses Gesetz hatte jedoch nur den Zweck, die rechtliche Stellung solcher Vereine zu regeln und enthielt keine Bestimmungen über das geschäftliche und finanzielle Gebahren derselben. Doch, wie bereits erwähnt, blieb auch diese Gelegenheit der Gründung einer Kreditanstalt unbenutzt, und man gab wieder der Idee einer zu gründenden Privatbank den Vorzug.[1])

Im Jahre 1834 endlich wurde ein Projekt ausgearbeitet, das als Grundlage der jetzt bestehenden Hypothek- und Wechselbank anzusehen ist und das in der neu zu gründenden Bank eine Aktien-Hypothekenbank sieht, die gemäfs der Natur des bayerischen Staates, welcher damals Agrarstaat im eigentlichen Sinn des Wortes war, $^2/_3$ ihrer Kapitalien auf Hypotheken ausleihe, wobei das Annuitätensystem als Hauptsächliches, nicht aber als

---

[1]) »Festschrift der Bayer. Hypothek- und Wechselbank«: Mag es an der Energie und Begabung der interessierten Grundbesitzer, solche Vereine zu bilden und zu leiten, gefehlt haben, oder sei es, dafs solche Vereine nicht das nötige Vertrauen bei den Kapitalisten fanden, oder endlich, mag das Bedürfnis der Grundbesitzer nach Kapitalien ein nicht so dringendes gewesen sein, wie es geschildert wurde, genug, ein solcher Kreditverein kam in Bayern nicht zu stande, obwohl der Regierung in dem Landtagsabschiede vom 28. Dez. 1831 ein Kredit von 100000—300000 Gulden »für Aktien zu Kreditvereinen für die mittleren und geringeren Landwirte nach Verhältnis der disponiblen Mittel« aus den Erübrigungen der 2. Finanzperiode zur Disposition gestellt wurde.«

Ausschliefsendes festgesetzt wurde.[1]) Obwohl sich zwar Stimmen geltend machten, welche auch diesem Gesetzentwurf entgegentraten und namentlich gegen die Emission von Banknoten, die angeblich das Bargeld aus dem Lande drängten, wobei überdies keine Garantie geboten sei, dafs es bei der festgesetzten Maximalsumme von 8 Millionen bliebe, u. a. Bedenken trugen, erhielt dennoch das Gesetz, »wodurch das Zustandekommen einer hochwichtigen, vaterländischen Anstalt, welche dem minderbemittelten Landwirt und Gewerbsmann dem Wucher und Zwischenhandel entrücke, so wesentlich gefördert würde«, am 18. Juni 1835 die allerhöchste Genehmigung.

Die Bank zerfiel nach den ursprünglichen Statuten in eine Hypothek- und eine Wechsel-Bank. Eine Filiale sollte baldmöglichst in Augsburg errichtet werden. Das Kapital soll 10 Millionen betragen und bis zu 20 Millionen erhöht werden können, wovon jedenfalls 12 Millionen auf Grund und Boden ausgeliehen

---

[1]) Der Gesetzentwurf lautete:

§ 1. Die von einer Privatgesellschaft zu errichtende Bayerische Hypothek- und Wechselbank steht unter dem Schutz und fortwährender Oberaufsicht der Staatsregierung.

§ 2. Sie erhält nach dem Verhältnisse und Umfang des Unternehmens das ausschliefsende Privilegium für sich und ihre allenfallsigen Filialbanken, welches nach Ablauf einer Reihe von Jahren wieder erneuert werden kann.

§ 3. Ihre Statuten, wie die in der Folge zu treffenden Abänderungen, unterliegen der königlichen Genehmigung.

§ 4. Die Bank hat wenigstens $^3/_5$ ihres Fonds zu Anleihen auf Grund und Boden ausschliefsend zu verwenden.

§ 5. Sie ist ermächtigt, mit den übrigen $^2/_5$ andere Bank- und Wechselgeschäfte zu machen und hat hierbei vorzüglich die gewerbetreibende Klasse zu unterstützen.

§ 6. Ihr wird eine angemessene Summe von Bankpapieren in Umlauf zu setzen bewilligt, welche von der Staatsregierung nach Verhältnis der Fonds und des Umfanges ihrer Unternehmungen bestimmt werden wird, in keinem Fall aber $^3/_4$ der für die Wechselgeschäfte bestimmten $^2/_5$ des Fonds überschreiten darf und jedenfalls mit dem Doppelten der auf Grund und Boden anliegenden Hypotheken gedeckt sein mufs.

§ 7. Die Bank geniefst für ihre Wechselgeschäfte die Wechselrechte des Augsburger Handelsplatzes.

§ 8. Die in dem Gesetz über die Kreditvereine vom 11. Sept. 1823 (§ 10 und 11) enthaltenen Bestimmungen werden auf die Bank übertragen.

werden sollten. 10% des Kapitales waren sogleich einzuzahlen. Der Bank wurde das Privilegium erteilt, Banknoten in Beträgen von nicht unter 10 Gulden bis zu $^4/_{10}$ des Kapitales, jedoch im Höchstbetrage von 8 Millionen zu emittieren, wovon $^1/_4$ durch Bargeld gedeckt sein mufste. Die Bankleitung sollte durch einen Kgl. Kommissär überwacht werden.

So trat am 15. Oktober 1835 das erste Kreditinstitut als Aktiengesellschaft unter dem Namen der »Bayerischen Hypothek- und Wechselbank« ins Leben.

Ende des Jahres 1836 betrugen die Hypothekendarlehen, worunter städtische und ländliche einbegriffen sind, 2200000 Gulden, welche Summe in den folgenden Jahren nur langsam anwuchs und nach 6 Jahren, also 1842, erst wenig mehr als 8 Millionen Gulden ausmachte. Das Kapital, welches zu Hypothekdarlehen benutzt wurde, wurde beschafft laut des Gesetzes vom Jahre 1834 durch die Emission von Banknoten, deren Betrag auf die Höchstsumme von 8 Millionen Gulden (ca. 13 Mill. Mark) fixiert wurde.[1]) Im übrigen wurden die von den Aktionären gezeichneten und eingezahlten Beträge herangezogen.

Die Bayerische Hypothek- und Wechselbank blieb 34 Jahre lang, also bis 1869, das einzige Institut für Vermittelung des landwirtschaftlichen Grundkredits in Bayern. Natürlich mufste sich daneben der Grundbesitz häufig der sogenannten Individualhypothek bedienen, nachdem die Hypothek- und Wechselbank durch die Zunahme des Kreditbedürfnisses an der ihr statutenmäfsig gezogenen Grenze des Umfanges ihrer Beleihungen angelangt war. Das Institut hatte im Jahre 1862 20 Millionen,

---

[1]) Auf das Privilegium der Notenemission verzichtete die Bank nach Einführung des Pfandbriefsystems kraft eines am 20. März 1875 mit der Kgl. Staatsregierung abgeschlossenen Vertrages, wogegen sie von der im Gesetz von 1834 auferlegten Verpflichtung in Bezug auf Gewährung von Darlehen auf Grund und Boden entbunden wurde und die Regierung sich verpflichtete, das ihr durch das Reichsbankgesetz vorbehaltene Recht der Emission von 70 Mill. M. Noten einer zu gründenden Bayerischen Notenbank zu übergeben, an welcher der Staat, die Bayerische Hypothek- und Wechselbank und deren Aktionäre entsprechend beteiligt waren. (Festschrift der Bayer. Hypothek- und Wechselbank, 1885.)

somit sein ganzes ursprüngliches Aktienkapital in Hypotheken angelegt; weitere Mittel, die es dem Hypothekengeschäft hätte zuwenden können, besafs es nicht. Es gab deshalb 5 1/4 Millionen, 5 Jahre unkündbare Bankobligationen aus und erhielt damit die Möglichkeit, eine gleiche Summe dem Hypothekengeschäft zuzuweisen. Doch führte auch diese Mafsnahme noch nicht zu dem gewünschten Zweck, die Quelle für den Hypothekarkredit nicht versiegen zu lassen. Zu Anfang der sechziger Jahre kostete es Schwierigkeiten, bei einem Zinsfufs von 5% und mehr Geld auf Hypothek zu bekommen, indem die flüssigen Kapitalien einerseits durch die aufstrebende Industrie und die lohnende Verwendung, welche die auf diese verwendeten Kapitalanlagen in steigendem Mafse fanden, anderseits durch Anleihen des Staates und gröfserer Kommunen absorbiert wurden. Zu dieser Zeit, wo eine Hypothekarkreditnot im vollsten Sinne des Wortes herrschte, war die Errichtung der Pfandbriefinstitute ein Ereignis von gröfster Bedeutung für die Landwirtschaft, welches geschaffen war, das dringende Kreditbedürfnis in hohem Mafse zu mildern.

2. Kapitel.

Zeitliche Aufeinanderfolge der in Bayern begründeten Pfandbriefanstalten. — Pfandbriefzirkulation.

Die Hypothek- und Wechselbank wurde am 1. Februar 1864 staatlich ermächtigt, Pfandbriefe im Werte von 30 Millionen Gulden (51 428 571 M.) zu emittieren, welcher Betrag bis Ende des Jahres 1866 bereits erschöpft war, so dafs noch in diesem Jahre das Pfandbriefkapital auf:

	60 000 000	Gulden	= 102 857 142 M.[1])
im Jahre 1872:	100 000 000	»	= 1 714 285 713 »
» » 1874:	110 000 000	»	= 1 885 714 200 »

erhöht wurde, um nicht einen vollständigen Stillstand im Hypothekengeschäft eintreten zu lassen. Wenige Jahre später, 1877,

[1]) Sämtliche hier angeführten Ziffern sind der Denkschrift »Die Landwirtschaft in Bayern 1885«, S. 725—728, entnommen und ergänzt durch die Geschäftsberichte der einzelnen Hypothekenbanken bis zum Jahre 1899.

wurde das Maximum der Pfandbriefcirkulation auf das zehnfache des bar eingezahlten Aktienkapitals festgesetzt, jedoch unter Weglassung desjenigen Teiles des Aktienkapitals, welcher als Garantie für das Feuerversicherungsgeschäft bestimmt war. Nachdem sich in den folgenden Jahren die Maximalgrenze der Pfandbriefzirkulation in verschiedener Höhe bewegte:

1879: 342 875 143 M.
1883: 371 000 000 »,

wurde 1886 endgültig die Bestimmung getroffen, dafs das Pfandbriefmaximum das zwölffache des bar eingezahlten Aktienkapitals und des jeweilig vorhandenen Specialreservefonds nicht übersteigen dürfe. Der Pfandbriefumlauf erfuhr in den folgenden Jahren eine nicht unbedeutende Steigerung, so dafs der Rechenschaftsbericht

vom Jahre 1888 die Summe von 465 709 100 M.,
» » 1893 » » » 574 364 700 »
» » 1896 » » » 636 000 000 »
» » 1899 » » » 777 528 400 »

an umlaufenden Pfandbriefen aufweist.[1])

Neben der Hypothek- und Wechselbank trat als zweites Hypothekar-Kreditinstitut, hervorgerufen durch das Bedürfnis nach Vermehrung der Kreditgelegenheit, die Bayerische Vereinsbank ins Leben im Jahre 1869. Ihr Wirkungskreis umfafst statutenmäfsig neben Gewährung von Vorschüssen gegen Verpfändung von Wertpapieren, Wechseln, hypothekarischen Forderungen u. s. w. die Gewährung von Hypothekdarlehen mit gleichzeitiger Ausgabe verzinslicher, mit Coupons versehener Pfandbriefe, wobei das Gesamt-Gesellschaftsvermögen für die Verbindlichkeiten der Bank haftet.

Anfänglich war die Bank befugt, Obligationen bis zu einer Höhe auszustellen, welche ihre Grenze in dem jeweiligen Betrag

[1]) Von den im Jahre 1899 ausgegebenen Pfandbriefdarlehen entfallen auf Anwesen mit landwirtschaftlichem Betrieb (Rechenschaftsbericht 1899):

in den unmittelbaren Städten	10 537 576 M.,
in den übrigen Gemeinden	261 570 748 »
Summe	272 108 324 M.

der an Gemeinden oder gegen hypothekarische Sicherheit gewährten Darlehen fand. Die Pfandbriefe waren auf den Betrag von 25 Gulden = 42,50 M.[1]) ausgestellt, während sie jetzt auf den Betrag von 100 M. und mehr, 200—500 M., 1000—2000 M., lauten. Die Gesamtsumme der umlaufenden Obligationen sollte den siebenfachen Betrag des wirklich eingezahlten Aktienkapitals nicht übersteigen; nur mit allerhöchster Genehmigung konnte davon eine Ausnahme gemacht werden. Im Jahre 1883 erreichte die Pfandbriefzirkulation eine Höhe von 85½ Mill. M., so dafs man damit fast an der statutenmäfsigen Maximalgrenze von 88 200 000 M. angelangt war, was zur Folge hatte, dafs die Gesamtsumme der umlaufenden Pfandbriefe nunmehr auf den zehnfachen Betrag des eingezahlten Aktienkapitals normiert wurde. Der Umstand, dafs im Jahre 1886 eben dieser zehnfache Betrag des eingezahlten Aktienkapitals überschritten zu werden drohte — die Pfandbriefzirkulation belief sich auf 114 029 000 M. —, veranlafste die Bank, eine Einzahlung von 30% auf die Aktien zweiter Emission einzufordern, was ein Mehr an Kapital von 2 700 000 M. ausmachte. Der Pfandbriefumlauf der nächsten Jahre ist durch folgende Ziffern illustriert:

im Jahre 1888: 143 212 000 M.,
» » 1896: 238 000 000 »
» » 1899: 271 694 300 »[2]).

Beiläufig ist zu erwähnen, dafs der Wirkungskreis der Bayerischen Vereinsbank in der Hypothekensparte gegenwärtig auf das Königreich Bayern beschränkt ist.[3])

Die Bayerische Handelsbank, ebenso wie die Vereinsbank in Nürnberg, welche fast gleichzeitig mit der Bayerischen Vereinsbank ins Leben traten, kommen für den ländlichen Hypothekarkredit aufser Betracht, nachdem sie sich zumeist auf Belehnung städtischer Grundstücke beschränken und nur geringere Summen auf Darlehen landwirtschaftlicher Grundstücke entfallen.

[1]) Conf. »Die Landwirtschaft in Bayern«, Denkschrift, 1885, S. 726.

[2]) Eine Scheidung der Pfandbriefe, welche auf rein landwirtschaftliche Grundstücke ausgegeben wurden, ist in den Jahresberichten dieser wie der folgenden Anstalten nicht getroffen.

[3]) Laut Rechenschaftsbericht 1899.

Eine desto gröfsere Bedeutung für den ländlichen Hypothekarkredit gewann die Süddeutsche Bodenkreditbank in München, eröffnet am 28. Juni 1871. Sie ist an Bedeutung so ziemlich der ersterwähnten Hypothek- und Wechselbank gleichzustellen. Mit einem Aktienkapital von 24 Millionen Mark, das im Bedarfsfalle auf 60 Millionen erhöht werden kann, gibt dieses Institut verzinsliche Pfandbriefe in der Höhe der ihr zustehenden Hypothekforderungen aus, welche, auf den Inhaber lautend, im Minimalbetrag von 100 M. ausgestellt sind. Der Zweck der Gesellschaft ist reglementmäfsig auf die Hebung des Bodenkredits, des Kommunalkredits und der Landwirtschaft in den Staaten des Deutschen Reiches, sowie in den zum früheren Deutschen Bunde gehörigen Kronländern der österreichischen Monarchie gerichtet.

Die Pfandbriefzirkulation belief sich nach den Rechenschaftsberichten auf folgende Ziffern [1]):

im Jahre 1879: 164 422 100 M.,
» » 1882: 206 562 600 »
» » 1885: 243 677 500 »
» » 1888: 276 568 500 »
» » 1896: 345 000 000 »
» » 1899: 361 736 700 »
davon zu 3½%: 336 195 600 M.,
» » 4%: 25 541 100 »

Von weniger grofser Bedeutung für die Landwirtschaft ist die Gründung der Pfälzischen Hypothekenbank im Jahre 1886 mit einem Aktienkapital von 2½ Millionen Mark. In einem späteren Abschnitt werden wir nachzuweisen suchen, wie wenig die wirtschaftlichen Verhältnisse in der Pfalz geeignet scheinen, auf eine Förderung des Hypothekarkredits hinzuarbeiten.

Die Höhe der Pfandbriefzirkulation bewegte sich nach den letzten Rechenschaftsberichten in folgenden Ziffern:

im Jahre 1896: 159 000 000 M.,
» » 1899: 231 000 000 »

[1]) »Die Landwirtschaft in Bayern«, 1885, S. 727.

Davon waren jedoch nur 2498906 M. auf Hypotheken landwirtschaftlicher Objekte ausgegeben, während der Rest auf städtische Hypotheken entfiel (laut Rechenschaftsbericht 1899).

Schliefslich sei noch die Bayerische Landeskultur-Rentenanstalt erwähnt, deren Gründung in das Jahr 1884 fällt. Das Bedürfnis, den für Bodenmelioration notwendigen Kredit in geeigneter Weise zu unterstützen und damit die Ausführung von gröfseren Kulturunternehmungen zu fördern, war es vor allem, welches dieses Institut als Staatsanstalt mit einer Dotation von 2 Millionen Mark[1]) ins Leben rief.

Die Thätigkeit dieses Institutes ist insofern getrennt von den Hypothekenbanken zu betrachten, als die Landeskultur-Rentenanstalt den ausschliefslichen Zweck verfolgt, Darlehen gegen hypothekarische Sicherheit zu verabreichen, speziell zu Meliorationen des landwirtschaftlichen Grundbesitzes. Das Pfandbriefsystem ist hier vertreten durch den Umlauf der Landeskulturrentenscheine, deren Gesamthöhe bei gesteigerter Inanspruchnahme des Meliorationskredits in den ersten zehn Jahren des Bestehens der Anstalt auf den Höchstbetrag von 4 Mill. M. normiert wurde.

Der Zins der Landeskulturrenten-Darlehen, welcher sich bis 1896 in der Höhe von $3\frac{3}{4}$% bewegte, erfuhr eine Verminderung auf $3\frac{1}{2}$%.[2]) Die gesetzlich zulässige längste Dauer der Tilgungsfrist der Landeskulturrenten-Darlehen ist auf 52 Jahre, bei Kulturgenossenschaften auf 28 Jahre bemessen, was eine dementsprechende höhere Amortisationsquote zur notwendigen Folge hat. Dabei ist jedoch den Darlehensnehmern der weitgehendste Spielraum bei Auswahl der Tilgungsperiode zugestanden, so dafs ein und dasselbe Darlehen bei höherer oder geringerer Amortisationsquote in längerer oder kürzerer Zeit heimgezahlt werden kann. Es wird also ein Darlehen mittels einer Kulturrente von

4% in 52 Jahren,		7% in $19\frac{1}{2}$ Jahren
5% » 33 »		9% » 14 »
6% » $24\frac{1}{2}$ »		12% » 10 »

[1]) Conf. »Die Mafsnahmen auf dem Gebiete der landwirtschaftlichen Verwaltung in Bayern«, 1897, S. 42 ff.

[2]) Conf. »Die Landwirtschaft in Bayern«, 1885, S. 729.

getilgt, eine Institution, welche zur erleichterten Benutzung der Anstalt beiträgt. Beiläufig sei hervorgehoben, dafs sich von den mannigfachen Modifikationen der Tilgungsperioden die 36jährige mit $4^3/_4$ %iger Kulturrente und die 28jährige mit $5^1/_2$ %iger Kulturrente am meisten Eingang verschafft hat, eine Erscheinung, welche auf eine rasche Amortisation hinweist und im Interesse der Landwirtschaft eine zu hohe Verschuldung hintanzuhalten geeignet ist.

Um den Zweck der Anstalt näher zu beleuchten, wird eine Aufführung der Darlehen mit ihren jeweilig zu bethätigenden Bestimmungen weitere Aufklärung bieten.

Es wurden im Jahre 1896 und 1899 bewilligt (laut Rechenschaftsbericht 1896 und 1899):

Jahr 1896	M.	Jahr 1899	M.
296 Be- und Entwässerungsunternehmungen mit .	2 049 795	73 Be- und Entwässerungsunternehmungen mit . .	1 011 031
57 Flufs- und Bachkorrektionen, Anlagen zum Uferschutz, Schutz gegen Überschwemmungen	481 084	7 Flufs- und Bachkorrektionen u. s. w.	39 150
5 Grundstückszusammenlegungen	11 000	1 Grundstückszusammenlegung	3 000
50 Urbarmachungen öder Flächen, Meliorationen von Feldern u. Wiesen	84 840	6 Urbarmachungen u. s. w.	7 250
34 Wegeanlagen	266 840	6 Wegeanlagen	71 600
2 Aufforstungen gemeindlicher Ödflächen	12 630	3 Aufforstungen u. s. w. .	9 900
Summe	2 906 189	Summe	1 141 931

Als Darlehensnehmer figurieren weniger Privatunternehmer, als vielmehr Kulturgenossenschaften und Kommunalverbände, so dafs die Belehnung letzterer an Zahl und Höhe der Darlehen diejenige der Privatunternehmer bei weitem übersteigt.

Im Jahre 1896 trafen

761 Belehnungen mit 528 123 M. auf Kulturgenossenschaften,
209 » » 2 032 198 » » Kommunalverbände,
111 » » 345 868 » » sonstige Unternehmer.

Im Jahre 1899 trafen

721 Belehnungen mit 69 147 M. auf Kulturgenossenschaften,
54 » » 996 904 » » Kommunalverbände,
13 » » 75 880 » » sonstige Unternehmer.

3. Kapitel.

Höhe des Pfandbriefzinses früher und jetzt. Gründung der Bayerischen Landwirtschaftsbank; deren Grundlage und Entwickelung.

Die Gründung oben erwähnter Anstalten, welche sich in einer verhältnismäfsig kurzen Zeit (nicht volle 20 Jahre) vollzog, brachte Vorteile und Neuerungen mit sich, die für den ländlichen Grundbesitz von grofser Bedeutung waren. Es fand damit eine Konzentration des Realkredits auf die nunmehr bestehenden Hypothekenbanken mit ihren unkündbaren, tilgbaren Pfandbriefdarlehen statt, welche geschaffen war, den aus andern Quellen fliefsenden Kredit, namentlich die Individualhypothek, mehr und mehr zu verdrängen oder in sich aufzunehmen. Denn dafs eben die Individualhypothek für die Landwirtschaft von zweifelhaftem Vorteil war, indem sie einerseits jederzeit kündbar war, anderseits diese Kündbarkeit benutzt wurde, um eine Zinserhöhung herbeizuführen, unterliegt keinem Zweifel.

Durch das Überwiegen der Hypothekenbanken wurden zwei Hauptforderungen des landwirtschaftlichen Kreditwesens realisiert: die Unkündbarkeit des Pfandbriefdarlehens seitens des Gläubigers und zwangsweise Tilgung der Schuld durch das sogenannte Annuitätensystem, überdies die Herabsetzung, bezw. Befestigung des Zinsfufses für sichere Hypothekardarlehen. Bei der nunmehr sich geltend machenden Konkurrenz der bayerischen Hypothekenbanken, welche noch eine Steigerung erfuhr durch den Mitbewerb anderweitiger Kreditinstitute in und aufser Landes, war die Annahme berechtigt, dafs nicht leicht ein Landwirt, der die genügende hypothekarische Sicherheit zu bieten vermochte, sein Kreditbedürfnis nicht befriedigen konnte, und dafs die Höhe des Zinsfufses nicht wie früher vielfach der Willkür der Gläubiger anheimgegeben war, sondern bei dem Andrang der Anlage suchenden Kapitalien wesentlich durch die Lage des Geldmarktes bedingt wurde, aufserdem der einmal bedungene Zinsfufs auch durch die wechselnde Lage des Geldmarktes niemals verändert werden konnte.

Die Verzinsung der Pfandbriefe, die noch in den siebziger Jahren 4% und darüber betrug, ist seit dem Jahre 1881 auf 3½% gesunken.[1]) Die Bayerische Vereinsbank machte mit der Ausgabe niedriger verzinslicher Pfandbriefe den Anfang; ihr folgten zunächst die Hypothek- und Wechselbank und bald verschob sich das Verhältnis auch bei den übrigen Anstalten zu gunsten der 3½%igen Pfandbriefe. Bei allgemeiner Annahme dieses Zinssatzes belief sich sodann der Zinsfufs für Annuitätenkapitalien mit Zuschlag von Verwaltungskostenbeitrag und Amortisation zu je ½% auf 4½%. Die jetzigen Verhältnisse des Geldmarktes lassen es allerdings fraglich erscheinen, ob dieser Zinsfufs nicht demnächst einem höheren weichen mufs.

Der Umlauf der zu 3½%, bezw. 4 und 4½% verzinslichen Pfandbriefe ist in nachfolgenden Ziffern wiedergegeben:

Am Schlusse des Jahres 1882 zirkulierten von Pfandbriefen der Bayerischen Vereinsbank[2]):

im Jahre 1882		im Jahre 1899	
4½%ige Pfandbriefe	30 963 700 M.	4%ige Pfandbriefe .	29 252 500 M.
4%ige »	46 948 000 »	3½%ige » verlosbar	189 960 000 »
3½%ige »	1 190 600 »	3½%ige Pfandbriefe mit 10jähr. Kündig.	44 748 500 »

Dazu erwähnt der Geschäftsbericht für das Jahr 1899:

»Was den Geschäftsgang der Hypothekenabteilung während des abgelaufenen Jahres betrifft, so übten auf denselben die Verhältnisse des Geldmarktes mehr noch als in den vorigen Jahren bestimmenden Einflufs aus. Der Absatz 3½%iger Pfandbriefe hatte mit wachsenden Schwierigkeiten zu kämpfen, was in einer fortschreitenden Abschwächung des Pfandbriefkurses seinen Ausdruck fand und eine Einschränkung des Beleihungsgeschäftes notwendig machte. Die Zurückhaltung der einheimischen Institute gegenüber der Nachfrage nach Hypotheken, welche bei der ständigen Ausdehnung der Städte in unverändertem Mafs

[1]) »Mafsnahmen auf dem Gebiete der landwirtschaftlichen Verwaltung in Bayern«, 1897, S. 223.

[2]) Laut Geschäftsbericht 1882 und 1899.

fortbestand, bewirkte ein allmähliches Anziehen des Hypothekenzinsfufses auch in unserem, gegenwärtig auf das Königreich beschränkten Beleihungsgebiet. Nachdem hierdurch die Begebung höher verzinslicher Pfandbriefe ermöglicht wurde, nahmen wir, wie die meisten Pfandbriefinstitute, die seit geraumer Zeit eingestellte Ausgabe 4%iger Pfandbriefe gegen Ende des Jahres wieder auf.«

Bei der Bayerischen Hypothek- und Wechselbank geben die diesbezüglichen, ziffernmäfsigen Belege folgendes Bild[1]):

im Jahre 1885		im Jahre 1899	
4%ige Pfandbriefe	355 962 174 M.	4%ige Pfandbriefe	61 848 400 M.
3½%ige »	4 470 000 »	3½%ige »	715 680 000 »[2])

Die Süddeutsche Bodenkreditbank als die letzte unter den bayerischen Pfandbriefanstalten, die sich im Jahre 1886 zur Ausgabe 3½%iger Pfandbriefe entschlofs, weist folgende Ziffern auf[3]):

im Jahre 1886		im Jahre 1899	
4%ige Pfandbriefe	227 866 400 M.	4%ige Pfandbriefe	25 541 100 M.
3½%ige »	29 048 300 »	3½%ige »	336 195 600 »

Berücksichtigt man dabei, dafs die verlosbaren 3½%igen Pfandbriefe wohl zum gröfsten Teil auf dem ländlichen Kredit ruhen, während die unverlosbaren Pfandbriefe dem städtischen Kredit dienen, und nimmt man an, dafs in der Summe der am Ende des Jahres 1899 zirkulierenden Pfandbriefe namhafte Beträge von solchen enthalten sind, welche von dem früheren höheren Zinsfufs in den niedrigen konvertiert wurden, so kann mit Genugthuung konstatiert werden, dafs der seit den letzten 20 Jahren gesunkene Darlehenszinsfufs eine beträchtliche Schulderleichterung für die Landwirtschaft gebracht hat, welche derselben auch für die Zukunft dauernd zu gute kommt.

Wenn auch die Errichtung der Pfandbriefinstitute als ein Ereignis anzusehen ist, das von bedeutender Tragweite für die

[1]) Laut Geschäftsbericht 1885 und 1899.

[2]) Davon: 3½% verlosbar . . . . 559 698 600 M.
3½% unverlosbar . . . . 155 981 400 »

[3]) Laut Geschäftsbericht 1886 und 1899.

Landwirtschaft war, indem durch sie sowohl in der Person des Darlehensgebers, wie auch in den Modalitäten der Darlehensbedingungen wohlthätige Änderungen geschaffen wurden, so war man doch in landwirtschaftlichen Kreisen der Ansicht, dafs der Kredit, welchen die Hypothekenbanken dem Landwirt zur Verfügung stellten, in mancher Hinsicht den Schuldnern teuer zu stehen kam und mit den geschmälerten Erträgnissen der Landwirtschaft nicht in Einklang zu bringen war. Überdies war noch immerhin ein beträchtlicher Teil landwirtschaftlicher Darlehen — insbesondere solche des kleinen Grundbesitzes — zum höheren 4%igen Zinsfufs[1]) ausgegeben, bei welchem sich die Zinsreduktion in langsamem Tempo unter mancherlei Schwierigkeiten vollzog. Die Privatdarlehen waren ohne Tilgung meistens zu 4% ausgeliehen.

Diese Umstände zeitigten denn auch den Wunsch nach einer Landeshypothekenbank, welche, staatlich geleitet', nicht so hohe Verwaltungskosten erfordern werde wie Aktienhypothekenbanken, so dafs sich mit Wahrscheinlichkeit eine allgemeine Herabsetzung des Zinsfufses für die landwirtschaftlichen Betriebe erwarten lasse, abgesehen von anderen Erleichterungen durch Wegfall der Gebühren und Provisionen bei der Darlehensaufnahme u. dgl. Es erregte zwar prinzipielle Bedenken, das Hypothekengeschäft von Staatswegen betreiben zu lassen, so dafs der Staat als Unternehmer auftrete und die Haftung für die Verbindlichkeiten der Bank übernehme; doch brach sich die Ansicht Bahn, eine genossenschaftlich organisierte Hypothekenbank, wenn auch nicht unter staatlicher Leitung, so doch mit staatlicher Beihilfe und Kontrolle ins Leben zu rufen. Auf dieser Grundlage wurde 1896 in der Kammer der Abgeordneten und der Reichsräte beschlossen: »Es sei an die Kgl. Staatsregierung das Ersuchen zu stellen, auf thunlichst baldige Gründung einer Landeshypothekenbank auf genossenschaftlicher Grundlage und mit staatlichem Zuschufs hinzuwirken.«

[1]) Conf. »Die Mafsnahmen auf dem Gebiete der landwirtschaftlichen Verwaltung in Bayern«, 1897, S. 223.

Nach Genehmigung dieser Vorlage wurde der Bayerische Landwirtschaftsrat damit betraut, die Gründung einer genossenschaftlich eingerichteten Bank ins Werk zu setzen. Als staatlicher Zuschufs bei Gründung der Bank wurde gegeben:

a) ein unverzinsliches, nach Erstarkung der eigenen Betriebsmittel der Bank gemäfs näherer Anordnung der Staatsregierung zurückzuerstattendes Betriebskapital von 1 Million;

b) ferner nach Bedarf ein mit 3% verzinslicher, jederzeit kündbarer Betriebsvorschufs bis zum Betrage von 4 Millionen;

c) endlich ein jährlicher Verwaltungskostenzuschufs bis zum Betrage von 40000 M.[1])

Im Jahre 1896 (2. Dez.) konstituierte sich sodann diese genossenschaftliche Hypothekenbank unter dem Namen »Bayerische Landwirtschaftsbank, eingetragene Genossenschaft mit beschränkter Haftpflicht.«

Dieses Institut, eine in mancher Hinsicht den preufsischen Landschaften nachgebildete Einrichtung, hat sich zur Aufgabe gestellt die Gewährung von unkündbaren, tilgbaren Hypothekdarlehen an seine Genossen auf land- und forstwirtschaftlich benutztem Grundbesitz. Ländliche Gemeinden erhalten solche Darlehen ohne Hypothekbestellung. Darlehen kann nur erhalten, wer als Genosse in das Genossenschaftsregister eingetragen ist. Das Genossenschaftsrecht kann erlangen jeder Eigentümer land- und forstwirtschaftlicher Grundstücke in Bayern, welcher im Besitz bürgerlicher Ehrenrechte ist, sowie jeder Fideikommifs- und Stammgutsbesitzer, ländliche Gemeinden, Stiftungen, Korporationen und eingetragene Genossenschaften, welche in Bayern ihren Sitz haben und landwirtschaftliche Interessen vertreten.[2]) Jeder Genosse ist verpflichtet, bei seiner Aufnahme in die Genossenschaft einen Geschäftsanteil in der Höhe von 100 M. einzuzahlen, womit er die Haftung bis zum Betrage von 1000 M.

[1]) »Der Stand des landwirtschaftlichen Genossenschaftswesens in Bayern«, 1899, S. 29.

[2]) Statut der Bayerischen Landwirtschaftsbank, § 4.

für die Verbindlichkeiten der Bank übernimmt.[1]) Das Maximum der von einem Genossen zu erwerbenden Geschäftsanteile ist auf 200 M. fixiert, womit zugleich die äufserste Summe eines zu gewährenden Darlehens auf 1 Million bestimmt ist. Bei Aufnahme von Darlehen über 5000 M. ist der Genosse laut Statut verpflichtet, je einen weiteren Geschäftsanteil von 100 M. für je weiter aufgenommene 5000 M. einzuzahlen. Die Beleihungsgrenze schneidet mit der Hälfte des ermittelten Wertes der zur Sicherheit bestimmten Grundstücke ab.[2]) Als Amortisationsbetrag wurde mindestens $^1/_2$ %, als Verwaltungskostenbeitrag $^1/_4$ % der Darlehensschuld normiert. Die Beschaffung der erforderlichen Betriebsmittel erfolgt neben den vom Staate gewährten Summen durch die Geschäftsanteile und durch die Ausgabe von unkündbaren, in Serien eingeteilten, periodisch verlosbaren Pfandbriefen und Schuldbriefen für Gemeindedarlehen. An Stelle einer Auslosung oder Kündigung ist der Bank auch der Rückkauf ihrer Pfandbriefe und Schuldbriefe zum Zweck der Amortisation gestattet.

Von wesentlicher Bedeutung für die Geschäftsthätigkeit des Institutes, für die Verbreitung ihrer Einrichtung, sowie für den billigeren und einfacheren Verkehr der kreditbedürftigen Landwirte mit der Bank ist die Aufstellung von Vertrauensmännern, welche, selbst Genossen, auf die einzelnen Landeskreise und Distrikte verteilt sind, die Interessen der Anstalt vertreten und als Vermittler bei Aufnahme von Darlehen funktionieren.

Um die Entfaltung der Thätigkeit der Bank zu veranschaulichen, mögen die nachfolgenden Ziffern als Belege dienen[3]):

Jahr	Zahl der Genossen	Gesamtbetrag der Haftsummen	ausgezahlte Darlehensgesuche	Höhe des Betrages
		M.		M.
1897	1 115	1 824 000	769	5 761 350
1898	3 238	5 696 000	1 955	12 750 650
1899	4 195	7 369 000	1 042	6 241 350

[1]) Statut der Bayerischen Landwirtschaftsbank § 10.

[2]) Statut der Bayerischen Landwirtschaftsbank § 19.

[3]) Laut Geschäftsbericht 1897, 1898, 1899.

Jahr	Höhe der Pfandbriefzirkulation	Kommunaldarlehen
	M.	
1897	4 822 000	21 in der Höhe von 302 500 M.
1898	15 932 100	32 » » » 428 000 »
1899	22 079 700	16 » » » » 191 700 »

Aus den ziffernmäfsigen Belegen geht hervor, welch raschen Aufschwung die Bayerische Landwirtschaftsbank, besonders innerhalb der beiden ersten Jahre ihres Bestehens, genommen hat, wenn auch nicht zu verkennen ist, dafs der letzte Geschäftsbericht eine reduzierte Nachfrage nach Darlehen aufweist. Ganz allgemein läfst sich jedoch behaupten, dafs das Institut in seiner genossenschaftlichen Organisation geeignet erscheint, sich in hohem Mafse den Bedürfnissen und eigenartigen Verhältnissen des landwirtschaftlichen Betriebes anzupassen. Auch ist vor allem hervorzuheben, dafs durch die Errichtung der Bank der bäuerliche Klein- und Mittelbesitz eine kräftige Stütze erhalten hat, während der Grofsgrundbesitz bisher in verschwindend kleiner Anzahl ihre Hilfe in Anspruch genommen hat.

Die folgende Übersicht illustriert das Überwiegen der Darlehen, welche an Wirtschaften mit kleinerer und mittlerer Betriebsgröfse gewährt wurden, im Gegensatz zum Grofsgrundbesitz[1]):

Jahr	Betriebsgröfse	Anzahl der Betriebe	Gröfse der land- und forstwirtschaftlich benutzten Grundfläche	Summe der gewährten Darlehen
			ha	Mark
1897/98	Parzellenbesitz	82	74 720	93 050
1899	unter 1 ha	21	19 881	23 968
1897/98	Kleinbetrieb	1 600	10 018 688	5 820 950
1899	1—10 ha	2 480	3 149 963	2 087 947
1897/98	Mittelbetrieb	976	26 296 488	12 026 400
1899	von 10—100 ha	368	10 134 375	4 101 635
1897/98	Grofsbetriebe	5	1 037 571	327 000
1899	über 100 ha	1	118 947	17 000

[1]) Conf. Geschäftsbericht 1898 und 1899.

Der Vollständigkeit halber ist die zuletzt gegründete Bayerische Bodenkreditanstalt in Würzburg anzuführen, welche im Jahre 1897 (6. Mai) als Aktiengesellschaft mit dem Recht der Pfandbriefausgabe ins Leben trat. Sie gewährt ländliche wie städtische Hypothekdarlehen, von denen erstere die Höhe von

Ende 1898: 2 814 270 M.,
» 1899: 2 921 650 »

erreichten. (Geschäftsbericht 1898 und 1899.)

4. Kapitel.

Die Sparkassen, Hilfskassen und Stiftungen als Quellen des ländlichen Hypothekarkredits.

Neben den Hypothekarkreditinstituten sind es die Sparkassen und Stiftungen, welche in erwähnenswerter Weise auf eine Erleichterung des landwirtschaftlichen Kredits hinwirken. Wenn sie auch erst in zweiter Linie den Zweck erfüllen, dem landwirtschaftlichen Kredit zu dienen — denn ihre erste Aufgabe ist teils darin zu suchen, den Sparsinn zu unterstützen und der Landbevölkerung zur Ansammlung gröfserer oder geringerer Kapitalsummen dienlich zu sein (Sparkassen), teils darin, den jeweiligen Stiftungszweck zu verwirklichen (Stiftungen) —, so reihen sie sich doch unter oben erwähntem Gesichtspunkt in die Zahl der bäuerlichen Kreditinstitute ein und zwar vornehmlich als Kreditinstitute für den ländlichen Kleinbesitz.

Was die bestehenden Institutionen der Sparkassen anlangt, so sind sie in Form der gemeindlichen und distriktiven Sparkassen ziemlich gleichmäfsig in allen Teilen des Königreiches verbreitet. Es bestanden an Sparkassen Ende des Jahres 1897 im Königreich Bayern 335 — 183 gemeindliche und 152 distriktive — mit einer Gesamteinlagesumme von rund 284 Millionen Mark.[1]) Verordnungsmäfsig sind sie darauf angewiesen, ihre Kapitalien in Staats- und andern mündelsicheren Papieren oder in Hypotheken gegen genügende Sicherheit anzulegen.

[1]) Conf. »Statistisches Jahrbuch für das Königreich Bayern« 1899, S. 140 und 139.

Die Annahme, daſs die hypothekarischen Geldanlagen der ländlichen Gemeinde- und Distrikts-Sparkassen groſsenteils dem landwirtschaftlichen Grundbesitz zufallen, findet ihre Bestätigung darin, daſs im Jahre 1897 rund 157 500 000 M.[1]) in Hypotheken und Ewiggeldern angelegt waren.[2])

Als ein Vorteil, welche die Sparkassen dem kreditsuchenden Landwirt bieten, kann angesehen werden, daſs sie in direkter Verbindung mit Darlehensnehmern stehen und ihre räumlich begrenzte Wirksamkeit es ihnen ermöglicht, bei der Darlehensgewährung in höherem Maſse im Gegensatz zu den groſsen, centralisiert geleiteten Instituten die persönliche Kreditwürdigkeit des Darlehensbegehrers zu würdigen, was ebensowohl für den Umfang der Darlehensgewährung wie für die geschäftliche Behandlung von Zinsstundungsgesuchen sich nützlich erwiesen hat. Dem gegenüber ist als ein Nachteil anzuführen, daſs die Sparkassen, entsprechend der jederzeitigen Kündbarkeit der Einlagen. nicht in der Lage sind, unkündbare Darlehen zu verausgaben, sowie daſs von dem Annuitätensystem fast kein Gebrauch gemacht wird.

Die in Bayern bestehenden Hilfskassen, worunter vor allem die durch Dotation König Ludwigs I. (1828) geschaffenen Kreishilfskassen zu nennen sind, sind als Kreditanstalten lediglich für den Kleingrundbesitz anzusprechen. Laut stiftungsmäſsiger Bestimmung sind sie befugt, »Landeigentümer und Gewerbsbesitzer in unverschuldeten Notfällen mit den zur Erhaltung ihres Anwesens nötigen Darlehen gegen geringe Verzinsung und leidliche Rückzahlungsfristen, allenfalls auch ohne die oft schwierige Bestellung einer Hypothek zu unterstützen.«[3]) Weiter ist verfügt, daſs die Darlehen bei einem Betrage von 100—300 M. in Annuitäten tilgbar sein sollen. Die Kassen, von welchen je eine

[1]) Conf. »Statistisches Jahrbuch für das Königreich Bayern« 1899, S. 144.

[2]) Die Statistik gibt keinen Aufschluſs darüber, ob die Hypotheken solche auf ländlichen Grundbesitz, oder solche auf städtische Grundstücke sind. Immerhin wird aber mit einiger Berechtigung zu behaupten sein, daſs ein nicht geringer Teil der angeführten Summe dem ländlichen Grundbesitz zu gute gekommen ist.

[3]) Conf. »Die Landwirtschaft in Bayern«, Denkschrift, 1885, S. 753.

in jedem Kreis des Königreichs errichtet und bei ihrer Gründung mit 14000 Gulden dotiert wurde, nahmen im Lauf der Jahre einen nicht unbeträchtlichen Aufschwung. Der Summe von 191500 M. des Jahres 1828 steht eine solche von 751210 M. des Jahres 1895 gegenüber.[1])

Nicht unerwähnt dürfen neben den Kreishilfskassen die Distriktshilfskassen bleiben, welche Darlehen in kleinerem Umfang gewähren und zwar sowohl gegen Hypothekbestellung wie auch gegen einfache Bürgschaft, also dem Zweck des Real- wie Personalkredites dienen. Hervorzuheben sind aufserdem lokale Kreditanstalten, wie die Aschaffenburger Landnotdurftskasse, die Spessarter Hilfskasse, die gräflich Castellsche Kreditkasse, die Krämersche Kreditkasse zu Uffenheim in Mittelfranken u. a.

Was die zahlreichen öffentlichen Stiftungen anlangt, so sind sie insofern nicht ohne Bedeutung für die landwirtschaftliche Kreditfrage, als ein mehr oder weniger grofser Teil der Stiftungskapitalien in verzinslichen Hypotheken angelegt ist. Es entzieht sich der Berechnung, zahlenmäfsige Belege für die auf Hypothekbestellung hin gewährten Darlehen anzuführen. Nach der Zeitschrift des Kgl. bayer. statistischen Bureaus, Jahrg. 1900, Heft 1, wonach die Gesamtsumme des Stiftungsvermögens im Jahre 1897 509422831 M. betrug, läfst sich annehmen, dafs sich die Summe der auf ländliche Hypotheken ausgeliehenen Gelder in gleicher Höhe bewegt, wie bei den Sparkassen, nämlich über die Hälfte der gesamten Stiftungskapitalien, wobei jedoch der indirekten Geldanlage auf Grund und Boden durch Ankauf von Pfandbriefen der Hypothekenbanken nicht gedacht ist.

[1]) Conf. »Die Mafsnahmen auf dem Gebiete der landwirtschaftlichen Verwaltung in Bayern 1890—1897«, S. 229.

Dabei ist beteiligt:

Oberbayern mit	42554	M.
Niederbayern »	53736	»
Pfalz mit	179188	»
Oberpfalz mit	51844	»
Oberfranken mit	74776	»
Mittelfranken mit	97176	»
Unterfranken mit	118283	»
Schwaben mit	133693	»

5. Kapitel.

Grundbesitzverteilung, Wirtschaftsmethode und familienrechtliche Verhältnisse in Bayern als bestimmende Ursache des Wirkungskreises der jeweiligen Kreditanstalten.

Es wird nicht ohne Berücksichtigung bleiben dürfen, auf welchen Gebieten und zu welchen Zwecken der von Banken, Stiftungen und Sparkassen gewährte Kredit dem landwirtschaftlichen Grundbesitz zu gute kommt. Mit zwei Ausnahmen — der Hypothek- und Wechselbank und der Bayerischen Landwirtschaftsbank — scheinen die Banken vorzugsweise den gröfseren Grundbesitz belehnt zu haben, während der Kredit der Sparkassen und Stiftungen in erster Linie von dem kleineren Grundbesitz in Anspruch genommen zu werden pflegt. Die Thätigkeit der einzelnen Institute erstreckt sich keineswegs gleichmässig über das ganze Land, sondern steht in engem Zusammenhang mit der Grundbesitzverteilung, der Wirtschaftsmethode und den familienrechtlichen Verhältnissen der einzelnen Kreise, welche bedeutende Verschiedenheiten erkennen lassen und deshalb scheint es geboten, auf diese Punkte näher einzugehen.[1])

Die altbayerischen Provinzen, d. i. Ober- und Niederbayern, Oberpfalz und ein Teil von Schwaben sind an gröfserem und grofsbäuerlichem Grundbesitz reicher als dies in den übrigen Teilen Bayerns der Fall.[2]) Der landwirtschaftliche Betrieb, der mehr den Charakter eines extensiven trägt, findet seinen Schwer-

[1]) Die nachfolgende Darstellung fufst auf den Akten einer Enquête, welche bei den Kreis- und Bezirks-Comités des landwirtschaftlichen Vereins im Jahre 1885 angestellt wurd.

[2]) Die mittleren landwirtschaftlichen Betriebe mit einer landwirtschaftlich nutzbaren Fläche von 10—100 ha betragen von der Gesamtzahl:

1. Oberbayern	33,40 %
2. Niederbayern	27,47 »
3. Oberpfalz	26,37 »
4. Pfalz	5,38 »
5. Schwaben	20,98 »
6. Oberfranken	19,23 »
7. Mittelfranken	21,26 »
8. Unterfranken	12,17 »

(Statist. Jahrb. für das Königr. Bayern 1899, S. 52.)

punkt in dem Anbau von Cerealien wie der Viehhaltung, ersteres bei den Einödhofbauern in Ober- und Niederbayern, letzteres in der Alpenwirtschaft im bayerischen und schwäbischen Gebirge. Die Dichtigkeit der Landbevölkerung, welche nach der Volkszählung von 1895[1]) 51 Einwohner pro Quadratkilometer mit Ausschlufs der über 5000 Einwohner zählenden Städte beträgt, ist nicht grofs, und das Einödhofsystem bedingt vielfach gröfsere Entfernungen der einzelnen Betriebsstätten voneinander. Die Vererbung der Landgüter, welche ungeteilt auf die Nachkommen übergehen, verpflichtet heutzutage den jeweiligen Besitzer zur Barauszahlung der Geschwisteranteile, wobei die Notwendigkeit einer Kreditaufnahme meist unerläfslich. Nachdem es sich hierbei um einen nicht unbedeutenden Kapitalaufwand handelt, ist es leicht erklärlich, dafs in den genannten Kreisen der sich in höheren Summen bewegende Realkredit in Anspruch genommen wird und hier treten wieder die Pfandbriefinstitute der Hypothekenbanken in den Vordergrund neben den Stiftungen, den gemeindlichen und distriktiven Sparkassen. Nach der Denkschrift »Die Landwirtschaft im Regierungsbezirk Oberbayern, München 1885«, S. 119 ff., beliefen sich in Oberbayern die Hypothekdarlehen von Bankanstalten auf 133091448 M., welche auf landwirtschaftliche Anwesen ausgegeben wurden und wobei die Bayerische Hypothek- und Wechselbank mit $^3/_4$ dieses Betrages (98931472 M.), die Süddeutsche Bodenkreditbank und Bayerische Vereinsbank mit nahezu $^1/_4$ (33352552 M.) partizipierte.[2])

Gegenüber den altbayerischen Provinzen zeichnen sich die fränkischen durch kleinbäuerliche Besitzverhältnisse aus. Die mittleren landwirtschaftlichen Betriebe von 10—100 ha[3]) betragen von der Gesamtzahl in Oberfranken nur 19,23 %, Mittelfranken 21,26 %, Unterfranken 12,17 %. Die Betriebsweise des mehr zerstückelten Grundbesitzes fufst vielfach weniger auf Körnerbau als vielmehr auf dem intensiven Anbau von Garten- und Handels-

[1]) Statist. Jahrb. für das Königr. Bayern 1899, S. 17.

[2]) Eine spätere, diesbezügliche statistische Erhebung liegt nicht vor.

[3]) Statist. Jahrb. für das Königr. Bayern 1899, S. 52.

gewächsen. Zudem bildet lebhafte Viehzucht und -Handel den Haupterwerbszweig der Landwirtschaft.

Nachdem die fränkischen Provinzen reicher gesegnet sind an kleineren Städten und Märkten, überdies an Fabriken, ist demgemäfs die Bevölkerung in höherem Mafse mit industriellen Elementen gemengt, so dafs hier die Bevölkerungsdichtigkeit die Höhe von 66,6 Seelen pro Quadratkilometer erreicht.[1]) Die Vererbung beansprucht bei den meisten kleinbäuerlichen Besitzverhältnissen einen dementsprechend bedeutend geringeren Kapitalaufwand, wobei nicht unberücksichtigt bleiben darf, dafs im gröfsten Teil von Unterfranken die Naturalteilung als Regel gilt. Die Thätigkeit der Hypothekenbanken ist deshalb in diesen Kreisen eine relativ beschränkte und reduziert sich lediglich auf die in geringerem Umfange vorhandenen Grofsgrundbesitze. Hingegen treten hier die gemeindlichen und die zahlreichen Gemeindesparkassen, sowie die Stiftungen in ihre volle Wirksamkeit, wie insbesondere auch Darlehen auf Personalkredit von den in genügender Menge vorhandenen Kreditgenossenschaften nach dem System Raiffeisen und Schultze-Delitsch beansprucht werden.

Wesentlich verschieden gestalten sich die wirtschaftlichen Verhältnisse in der Rheinpfalz. Die landwirtschaftlichen Betriebe, welche sich über die Hälfte (52,2% 1—10 ha[2]) aus mittlerem bäuerlichem Grundbesitz und in nicht minder grofser Anzahl aus sogenanntem Parzellenbesitz (1 ha und darunter) zusammensetzen, während der Grofsgrundbesitz nur in ganz geringer Anzahl auftritt, sind im allgemeinen als intensive zu bezeichnen und nur in einzelnen dem Verkehr mehr abgelegenen Gegenden mit geringeren Böden läfst sich eine extensive Betriebsweise beobachten. Der landwirtschaftliche Betrieb basiert je nach der geographischen Lage, auf ganz verschiedenen Erwerbszweigen. Der Westen und Norden kennzeichnet sich durch Rindviehzucht, in weniger bedeutendem Umfang durch Pferde- und Schweinezucht; überdies finden sich vorzüglich in den Bezirken Homburg

[1]) Statist. Jahrb. für das Königr. Bayern 1899, S. 17.
[2]) Statist. Jahrb. für das Königr. Bayern 1899, S 52.

und Zweibrücken landwirtschaftliche Brennereien mit mehr oder minder grofsem Fabrikationsergebnis [300—2000 l täglichem Maischraum]. Im Osten, also in der Rheinebene, ist es der Anbau von Handelsgewächsen — Hopfen, Tabak, Gemüse, Kartoffel u. s. w. —, welcher den Haupterwerbszweig der ländlichen Bevölkerung ausmacht. Im hügeligen Teil dieser Landstriche, sowie am Gebirge bis nördlich zur hessischen Grenze wird der Weinbau in intensivster Weise gepflogen.

Die Vererbung beansprucht, da Naturalteilung die Regel, bei den kleinen Besitzverhältnissen nur unbedeutende Abfindungssummen und deshalb erscheint die Rheinpfalz, abgesondert von den übrigen Provinzen Bayerns, als ein Gebiet, auf dem der Realkredit nur von untergeordneter Bedeutung ist. Der Ausbildung des Realkredits trat überdies das geltende Hypothekenrecht des »Code civile« hindernd entgegen, das erst am 26. April 1888 eine Änderung erfuhr. Die Pfälzische Hypothekenbank in Ludwigshafen hat nach dem Bericht vom Jahre 1898 $2^1/_2$ Millionen an ländlichen Darlehen ausgegeben, eine Summe, welche im Vergleich zu der Dichtigkeit der ländlichen Bevölkerung — 98 Einwohner[1]) pro Quadratkilometer —, sowie zu der immerhin überwiegenden Zahl der mittleren Betriebe als eine mäfsige erscheinen mufs. Aufser der Pfälzischen Hypothekenbank waren allerdings auch auswärtige Kreditanstalten, so die Süddeutsche Bodenkreditbank, die Rheinische Hypothekenbank in Mannheim u. a. der dortigen Landwirtschaft dienlich und wird in manchen Distrikten nur von Privathypotheken Gebrauch gemacht. Stiftungsgelder werden überdies nicht selten auf Hypotheken angelegt. Immerhin scheint jedoch die Behauptung gerechtfertigt, dafs der Realkredit in der Pfalz eine weniger bedeutende Rolle spielt und dafs es hier vor allem wieder der Personal- und Mobiliarkredit ist, welcher in seiner Form der Spar- und Darlehenskassen, Vorschufsvereinen, Hilfskassen u. s. w. die ausgedehnteste Verbreitung gefunden hat.

Wie aus der vorstehenden Darstellung ersichtlich, sind es nicht allein die grofsen Pfandbriefanstalten, welche das Bedürfnis

[1]) Statist. Jahrb. für das Königr. Bayern 1899, S. 17.

des Realkredits gleichmäfsig zu befriedigen im stande wären, sondern ebenso die kleineren lokalen Kreditanstalten, Stiftungen und Sparkassen, und zwar sind die wirtschaftlichen Verhältnisse die Ursache, welche bestimmend einwirkt, welcher von beiden Kreditquellen in den einzelnen Provinzen der Vorzug gegeben wird.

Weiter ist nun von Interesse, die Entwicklung der Wirksamkeit der Anstalten nach dem Umfang der Kreditgewährungen zu prüfen. Ein Bild hiervon möge nachfolgende Tabelle der von den bezeichneten Hypothekenbanken im letzten Jahrzehnt gewährten Darlehen bieten[1]):

	Darlehensposten		Kapitalrestsumme	
	Jahr 1888	Jahr 1899	Jahr 1888	Jahr 1899
			M.	M.
Bayerische Vereinsbank . .	3 335	8 191	33 500 000	271 918 453
Süddeutsche Bodenkreditbank	6 232	18 831	55 385 562	370 699 413
Hypothek- u. Wechselbank .	—	70 148	235 101 000	814 108 886
Bayer. Landwirtschaftsbank (Jahr 1897)	1 449	1 042	5 761 350 (Jahr 1897)	24 753 350

Von wesentlicher Bedeutung ist dabei die Frage, in welcher Weise sich die gewährten Darlehen auf die Gröfsenklassen des landwirtschaftlichen Besitzes verteilen.

Nach dem Jahresbericht 1899 der Bayer. Hypotheken- und Wechselbank läfst sich folgendes Ergebnis entnehmen:

Von Darlehen wurden ausgegeben 73 419 Hypothekdarlehen im Werte von 896 777 231 M.; davon landwirtschaftliche: 272 108 319 M. und zwar:

Darlehen von	1—	1 000 M.	6 221 636	M.
» »	1 001—	5 000 »	79 699 322	»
» »	5 001—	10 000 »	62 134 506	»
» »	10 001—	20 000 »	55 354 499	»
		Übertrag:	203 409 963	M.,

[1]) Die ziffernmäfsigen Belege sind den Rechenschaftsberichten 1888 und 1899 entnommen.

	Übertrag:	203 409 963 M.
Darlehen von	20 001— 50 000 M.	40 084 656 »
» »	50 001—100 000 »	14 724 157 »
» »	100 001 und darüber	13 889 543 »
		272 108 319 M.

Die Süddeutsche Bodenkreditbank veröffentlichte für das Jahr 1899 folgenden diesbezüglichen Bericht: ausgegeben wurden 18 831 Darlehensposten, davon 11 578 auf ländlichen Besitz in Bayern, im Werte von 370 699 403 M. Die Darlehenshöhe belief sich:

Darlehensgröfse M.	Postenzahl	Gesamtbetrag M.
100— 100 000	18 321	267 765 372
100 000— 200 000	374	50 940 243
200 000 - 500 000	122	36 594 182
500 000—1 000 000	9	6 703 000
1 000 000—2 800 000	5	8 696 616
	18 831	370 699 413

Bei der Bayerischen Landwirtschaftsbank stellt sich das Verhältnis nach dem Rechenschaftsbericht des Jahres 1899 folgendermafsen:

Es wurden 1042 Hypothekdarlehen ausgegeben mit 6 241 350 M. Diese Summe teilt sich nach Darlehensgröfsen:

Darlehensgröfse M.	Postenzahl	Gesamtbetrag M.
bis 1 000	59	43 150
1 000— 3 000	353	746 000
3 000— 5 000	267	1 105 300
5 000— 10 000	212	1 547 500
10 000— 20 000	116	1 628 900
20 000— 50 000	32	955 500
50 000—100 000	3	215 000
100 000 u. darüber	—	—
	1 042	6 241 350

Mit Ausnahme der Hyothek- und Wechselbank und der Bayerischen Landwirtschaftsbank stellt sich das Verhältnis der

Hypothekenbanken[1]) zu dem landwirtschaftlichen Grundbesitz immerhin so, dafs diese hauptsächlich mit Kreditgewährungen auf Grofsgrundbesitz zu rechnen haben, um so mehr, als manche Anstalten wie die Nürnberger Vereinsbank nur Darlehen im Mindestbetrage von 3000 M. zu gewähren pflegt.

Wie bei den Hypothekenbanken die Gewährung von Darlehen sich in ganz bestimmten Grenzen bewegt, welche gezogen sind durch die wirtschaftlichen Verhältnisse der einzelnen Provinzen, so gilt dies auch von den in Bayern bestehenden Sparkassen mannigfacher Art. Ihre Thätigkeit ist in den einzelnen Landesteilen verschieden, je nachdem der kleine bezw. mittlere Grundbesitz vorherrscht.

Die Statistik enthält zwar keine Abstufungen der einzelnen Darlehensgröfsen; doch kann nachfolgende Tabelle einen Überblick gewähren, welche ansehnlichen Summen dem ländlichen Grundbesitz durch die Sparkassen der ländlichen Gemeinden und durch Distriktssparkassen zugewandt werden.

Übersicht der Anlage der Aktivkapitalien der ländlichen Gemeinden- und Distriktssparkassen in Ewiggeldern und Hypotheken.

	Jahr 1887[2]) M.	Jahr 1897[3]) M.
Oberbayern	11 486 163	16 544 763
Niederbayern	9 093 456	16 809 436
Pfalz	3 414 300	7 988 206
Oberpfalz	12 191 137	17 211 311
Oberfranken	4 349 495	7 505 929
Mittelfranken	7 687 292	11 623 473
Unterfranken	4 019 147	6 063 846
Schwaben	8 924 000	15 883 797
	61 164 990	99 630 761

Was die Stiftungen anlangt, welche Zwecken der Wohlthätigkeit, des Kultus, des Unterrichtes wie auch zu Gunsten

[1]) Eine diesbezügliche Untersuchung der hier nicht angeführten Hypothekenbanken führte zum gleichen Ergebnis.

[2]) Conf. »Die Landwirtschaft in Bayern 1885«, S. 740.

[3]) Conf. »Die öffentl. Stiftungen im Königr. Bayern nach dem Stand am Schlufs der Jahre 1896 u. 1897«.

gemeindlicher Zwecke ihre Entstehung verdanken, so läfst sich behaupten, dafs die Art und Weise der Kapitalsanlage des Stiftungsvermögens[1]) erkennen läfst, dafs von unten genannter Summe ein nicht zu unterschätzender Teilbetrag dem landwirtschaftlichen Grundbesitz in Form von Hypothekdarlehen zufällt. Die Höhe desselben ziffernmäfsig festzulegen, entzieht sich der Berechnung, conf. S. 24 unten. Die Annahme, dafs die ländlichen Wohlthätigkeits- und Kultusstiftungen eine ähnliche Quote wie die Sparkassen, d. i. über die Hälfte auf Hypotheken ausgeliehen haben, würde die Wahrscheinlichkeitsrechnung aufstellen lassen, dafs dergestalt mehr als 100 Millionen Mark dem ländlichen Grundbesitz dienstbar gemacht wären.

6. Kapitel.

Charakteristische Merkmale für das Hypothekarkreditwesen Bayerns. Höhe der Belehnungsgrenzen, Wertermittelung des Pfandobjekts.

Hat es die vorstehende Darstellung versucht, die Thätigkeit der Kreditinstitute nach aufsen hin zu veranschaulichen, speziell das Mafs und den Umfang des gewährten Kredits mit Bezugnahme auf die jeweiligen Besitzgröfsen der landwirtschaftlichen Betriebe zu berücksichtigen, so ist weiterhin von Interesse, auf die Satzungen der Anstalten einzugehen, so weit sie charakteristische Merkmale für das Hypothekarkreditwesen bieten.

Was zunächst die Darlehen der Pfandbriefanstalten anbetrifft, so sind sie fast durchgehends unkündbar und mit Amortisation gewährt, d. h. Annuitätenkapitalien, welche durch einen Zuschlag von mindestens $^1/_2$ % aufser dem landesüblichen Zinsfufs die Abtragung der Schuld bezwecken. Die Kredite der Sparkassen und Stiftungen hingegen sind angehalten, von der Unkündbarkeit der Darlehen abzusehen, indem besonders erstere bei der Möglichkeit der jederzeitigen Abhebung der Einlage angewiesen sind,

[1]) Der Betrag des Stiftungsvermögens belief sich im Jahre 1897 für das ganze Königreich auf 509 422 881 M. Davon entfallen auf Stiftungen in Bezirksämtern, also auf speziell ländliche Stiftungen 217 404 245 M. rentierendes Vermögen. (Conf. »Die öffentl. Stiftungen im Königr. Bayern nach dem Stand am Schlufs der Jahre 1896 u. 1897« Heft 1, S. 48.)

von dem Kündigungsrecht Gebrauch zu machen. Der Kredit pflegt bei diesen Instituten jedoch stets »auf längere Zeit« hinaus gewährt zu werden. Das Amortisationssystem wurde zwar gemäfs einer Normativbestimmung vom 20. Mai 1874 den Sparkassen anempfohlen, doch wird nachgewiesenermafsen kein Gebrauch davon gemacht.[1])

Immerhin scheint eine Berechtigung zu der Annahme vorzuliegen, dafs der Schuldner einer Pfandbriefanstalt, einer Sparkasse oder Stiftung einem Gläubiger gegenübersteht, der in erster Linie bestrebt ist, sein Kapital in sicheren Händen angelegt zu wissen und nicht den Moment abwartet, der Gelegenheit bietet, die Notlage des Schuldners zu seinem Vorteil auszubeuten und deshalb wird auch eine unvorhergesehene Kündigung, wie sie bei den Sparkassen vorkommen kann, als Ausnahme der Regel angesehen werden können. Auf der anderen Seite ist nicht zu verkennen, dafs eben die Unkündbarkeit der Pfandbriefdarlehen, welche damit den Charakter einer konsolidierten Schuld tragen, dazu verleitet, Anleihen zu nehmen, welche, wenn sie dem Zweck ihrer Verwendung nach nur als schwebendes, bald heimzuzahlendes Darlehen anzusprechen sind, nicht im Einklang stehen mit dem thatsächlichen Zweck der Aufnahme eines unkündbaren Kredits. Mit der Errichtung der Pfandbriefanstalten hat eine gesteigerte Inanspruchnahme und Gewährung des Realkredits stattgefunden, wodurch ein entsprechendes Anwachsen der Verschuldung die unausbleibliche Folge ist. Diese Verschuldung des ländlichen Grundbesitzes mag sich immerhin auf Gründe zurückführen lassen, die als nicht unberechtigt erscheinen können. Wo es sich nicht so fast um die Kontrahierung neuer Schuldverbindlichkeiten handelt als vielmehr um die Konvertierung bestehender alter Schulden, seien sie Personal- oder Realschulden oder wo es bei Güterübernahmen auf die Auszahlung von Erbanteilen ankommt, und in andern Fällen, wird die Berechtigung einer solchen Schuldaufnahme wohl keinem Zweifel begegnen können. Wenn es sich dagegen um Fälle handelt, wo eine Verschuldung

[1]) Conf. »Die Mafsnahmen auf dem Gebiete der landwirtschaftl. Verwaltung in Bayern 1897«, S. 228. Anm.

eintritt, welche aus Anlafs der Vorzüge und Bequemlichkeit einer unkündbaren Pfandbriefschuld kontrahiert wurde, während eine kleinere, möglichst rasch wegzufertigende Anleihe die gleichen Dienste geleistet hätte, oder wo die Befriedigung des sogenannten Konsumtionskredits als Ursache auftritt: in diesen Fällen trägt die Kündigungssicherheit dazu bei, die Tilgung der Schuld hintanzuhalten, so dafs wohl mit Recht der unkündbare Kredit mit als ein Faktor angesprochen werden kann, der die Zunahme der Verschuldung begünstigt. Wenn auch durch das amortisierbare Darlehen eine langsame Schuldenentlastung bezweckt wird, so scheint sich doch die Annahme zu bestätigen, dafs die prozentweise Abtragung der Schuld in kein Verhältnis gebracht werden kann zu der kapitalweisen Neuaufnahme derselben.

Bei Beurteilung der Kreditanstalten wird fernerhin das Moment ins Auge zu fassen sein, in welchem Verhältnis die hypothekarische Belastung steht zum Grundwert, d. h. wie hoch die Belehnungsgrenzen gezogen sind. Die Grundsätze, nach denen die Hypothekarkredit-Institute in dieser Richtung arbeiteten, waren bis in die neueste Zeit nicht gesetzlich normiert. Bei der bestehenden grofsen Anzahl der Aktienhypothekenbanken (in Deutschland 40) erschien jedoch die Notwendigkeit einer gesetzlichen Regelung und Festsetzung der Bestimmungen, welche sich in der Praxis herausgebildet hatten, als unumgänglich, was — neben andern Ursachen — den Erlafs des Reichshypothekenbankgesetzes vom 13. Juli 1899 zur Folge hatte. Dieses Gesetz gibt unter anderm auch eine einheitliche allgemeine Norm der Maximalbeleihungsgrenze, in deren Spielraum die Kreditanstalten ihre jeweiligen Verfügungen und Modifikationen treffen können.

Die Beleihungsgrenze ist hier auf die ersten $^3/_5$ des Wertes des Pfandobjektes festgesetzt, ausnahmsweise für landwirtschaftliche Grundstücke auf $^2/_3$ mit dem Zusatz, dafs Beleihungen in der Regel nur zur ersten Stelle zulässig sind. »Der bei der Beleihung angenommene Wert des Grundstückes darf den durch sorgfältige Ermittelung festgestellten Verkaufswert nicht übersteigen. Bei der Feststellung dieses Wertes sind nur die dauernden Eigenschaften des Grundstückes und der Ertrag zu berücksichtigen, welchen das Grundstück bei ordnungsmäſsiger Wirtschaft jedem Besitzer nachhaltig gewähren kann.«[1])

Allgemein läſst sich also sagen, daſs bei den Banken, wie bei den Stiftungen und Sparkassen der zu gewährende Kredit auf eine ziemlich reduzierte Quote der Werttaxe aufgebaut ist, wobei in höherem Maſse der Ertragswert des Grundstückes als der Verkehrswert die Basis bilden soll. Die so vorzunehmenden Schätzungen, welche die im Interesse des Darlehensnehmers wie des Pfandbriefgläubigers zulässige Grenze nicht übersteigen, sollen mithin zu hohe Belehnungen und die Gefahr einer Überschuldung des ländlichen Grundbesitzes ausschlieſsen.

Die einzelnen Kreditanstalten verfahren nun bei Ausleihung ihrer Kapitalien verschieden.

Die Bayerische Hypothek- und Wechselbank gewährt in der Regel nur Darlehen gegen Bestellung der ersten Hypothek und fordert — wie dies allgemein üblich — eine Kautionshypothek für unprivilegierte Zinsen, Kosten und Schäden bis zum zehnten Teil der Darlehenssumme. Die Höhe der Belehnung steigt bis zur Hälfte des von der Bankdirektion ermittelten Wertes des Pfandobjektes.[2])

Ähnlich lauten die Bestimmungen bei der Süddeutschen Bodenkreditbank, welche Grundstücke, die einen sicheren Ertrags- und Tauschwert haben, ebenfalls nur zur ersten Stelle belehnt und die Hälfte des Wertes als Maximalgrenze der Darlehenssumme annimmt. Doch kann die Beleihungsgrenze eine Erweiterung bis zu $^2/_3$ des Wertes der Pfandobjekte erfahren, wenn bestimmte Teile des Geschäftsgebietes und Gattungen von Liegenschaften in Betracht kommen, wobei dem Aufsichtsrat das Recht zusteht, desfallsige Bestimmungen zu treffen.[3])

Bei der Bayerischen Vereinsbank erfolgen die Darlehen ebenfalls bis zur Hälfte des ermittelten Wertobjektes, wobei nur in

[1]) Conf. Hypothekenbankges. vom 13. Juli 1899, § 12.

[2]) Reglement der Hypothekenabt. der Bayer. Hypothek- u. Wechselbank, § 3.

[3]) Statut der Süddeutschen Bodenkreditbank, § 23.

besonders dazu geeigneten Fällen eine Erweiterung dieser Maximalgrenze bis $^2/_3$ des Wertes zulässig ist.[1])

Die übrigen Hypothekarkredit-Institute legen der zulässigen Ausdehnung der Beleihungsgrenze bald gröfseres, bald weniger grofses Gewicht bei, unterscheiden sich aber bei Bestimmung der Maximalbeleihungsgrenzen so unwesentlich von den eben genannten, dafs wir glauben, sie übergehen zu können. Sämtliche bayerische Hypothekenbanken haben von jeher auf landwirtschaftlichen Grundbesitz nur bis zur Hälfte des Schätzungswertes und in der Regel nur auf erste Hypothek Geld ausgeliehen. Auch nach Erlafs des Reichshypothekenbankgesetzes, welches die Beleihung bis zu $^3/_5$, ja sogar unter Genehmigung der Centralbehörden des einzelnen Bundesstaates bis zu $^2/_3$ des Wertes gestattet, ist den bayerischen Hypothekenbanken von der Staatsregierung die Mündelsicherheit für ihre Pfandbriefe nur unter der Bedingung eingeräumt worden, dafs ländliche Grundstücke nicht über die Hälfte des Schätzungswertes beliehen werden.

Die Grundsätze, nach denen die Werterhebung der zu verpfändenden Objekte vorgenommen wird, sind nach dem neuen Hypothekenbankgesetz nicht fest normiert. Das Gesetz sieht davon ab, öffentliche Taxen allgemein als mafsgebend zu erklären; denn mit wenigen Ausnahmen wird das öffentliche Schätzungswesen zugestandenermafsen den an dasselbe zu stellenden Anforderungen nicht gerecht. Die Hypothekenbanken haben vielmehr selbst Anweisungen über die Wertermittelung zu erlassen, deren Genehmigung von der Aufsichtsbehörde abhängt. Die einzelnen Kreditinstitute arbeiten keineswegs nach denselben Bestimmungen, sondern lassen vielfach Modifikationen erkennen.[2])

Die Hypothek- und Wechselbank stellt es dem Darlehenssucher anheim, alle diejenigen Urkunden, welche als Behelf für die Wertsermittelung des Grundstückes dienen können, vorzulegen wie Steuerkataster, Erwerbsurkunden, Brandassekuranzgrundbuchauszüge, bei Brauhäusern ein aufschlagamtliches Attest über den in den letzten 10 Jahren erfolgten Malzverbrauch, endlich allen-

[1]) Reglement für das Hypothekengeschäft der Bayer. Vereinsbank, § 5.

[2]) Conf. Hypothekenbankgesetz vom 13. Juli 1899, §§ 11—18.

fallsige früher erfolgte hypothekarische Schätzungen unter dem Vorbehalt, noch weitere Nachweise z. B. Pachtverträge, neu zu erhebende, hypothekarische Schätzungen erbringen zu lassen oder an Ort und Stelle persönlich Einsicht in das Hypothekenobjekt zu nehmen. Persönliche Einsicht durch Organe der Kreditanstalten (Vertrauensmänner oder Beamte) wird gewöhnlich vorgenommen, wenn es sich um gröfsere Darlehenssummen handelt, wobei sich die Schätzungen auf die Geschäftsbücher, Betriebsrechnungen und Bilanzen gründen und auf Kosten des Gesuchstellers angestellt werden.[1])

Bei der Süddeutschen Bodenkreditbank ist es Regel, die Darlehensgewährung abhängig zu machen von allen jenen Nachweisen, welche über den Wert des zu verpfändenden Grundstückes, also die Güte der angebotenen Hypothek, Aufschlufs erteilen. Bei den angestellten Taxationen von Grundstücken ist für die Höhe der Belehnung allein der Umstand bestimmend, welchen Wert die dauernden Eigenschaften des zu verpfändenden Grundstückes repräsentieren, wie hoch also der durchschnittliche, bei gewöhnlicher Bewirtschaftung in den Händen eines jeden Besitzers stehende Wert angesetzt werden kann. Es bleibt demnach die beabsichtigte oder mögliche Emporbringung eines gesteigerten Ertrages wohl auch mit Recht aufser Betracht.[2])

Wenn die beiden erst genannten Kreditinstitute bei Darlehensgewährungen den Schwerpunkt darauf zu legen scheinen, den Wert des Pfandobjektes durch urkundliche Belege zu ermitteln, so gilt bei der Bayerischen Vereinsbank diese Form der Wertschätzung eines Grundstückes nur in allen jenen Fällen, wo es sich um Belehnung von in Bayern gelegenen Gütern handelt und wo die urkundlichen Nachweise (Grundsteuerkatasterauszüge, Brandversicherungsnachweise) eine vollkommen sichere Garantie für den Wert der Hypothek bieten. In allen andern Fällen jedoch erfolgt die Darlehensgewährung nur auf Grund von Gutachten (Taxationen), welche von Sachverständigen abgegeben

---

[1]) Reglement der Hypothekenabteilung der bayer. Hypothek- u. Wechselbank, § 5.

[2]) Statut der Süddeutschen Bodenkreditbank, § 25.

werden, die der Anstalt als zuverlässig bekannt sind oder als Beamte in deren Dienste stehen.[1])

Die Bayerische Landwirtschaftsbank legt besonderen Wert darauf, über den wahren Wert und die Bewirtschaftung ihrer Pfandobjekte Gutachten der sogenannten Vertrauensmänner zu erhalten neben urkundlichen Belegen, welche eine Taxation des Wertobjektes ermöglichen.[2]) Diese Vertrauensmänner, welche nach Bedarf und, soweit thunlich, aus der Zahl der Genossen aufzustellen sind (nach Geschäftsbericht 1899 ca. 800), verteilen sich auf die einzelnen Kreise und Distrikte. Dieselben sind bei ihren Schätzungen angewiesen, den Ertragswert wie den Verkehrswert gleichmäfsig zu berücksichtigen; sie haben auch die Landwirte über die Einrichtungen der Bank zu unterrichten und fördern so die ständige Verbindung der Landbevölkerung mit dem Institut.

Die Kapitalausleihungen der Gemeinden und Stiftungen sind normiert durch die Vollzugsvorschriften der allerhöchsten Verordnung vom 31. Juli 1869, wonach nach erfolgter Schätzung des Wertobjektes und nach Vergleichung mit der Steuerverhältniszahl, mit etwa vorhandenen Erwerbsbriefen und gegebenen Falles der Brandversicherungssumme die Höhe des Darlehens festgesetzt wird, welche die Hälfte des ermittelten Wertes des Pfandobjektes nicht übersteigt, wobei mit dem Darlehen zugleich eine Kautionsbestellung mit inbegriffen ist. Nachdem der Wirkungskreis dieser Art von Kreditquellen ein relativ beschränkter und nur auf die einzelnen Distrikte ausgedehnter ist, ist dem entsprechend mehr eine Kontrolle von seiten der Verwaltung ermöglicht. und es werden auch Belehnungen ohne vorhergegangene Schätzung vorgenommen, wenn nämlich der Kapitalsuchende als guter Wirtschafter bekannt ist und die Sicherheit der Hypothek hinreichend garantiert ist durch die Hälfte desjenigen Betrages, welcher sich durch die Multiplikation der Steuerverhältniszahl mit zehn ergibt, wobei gleichzeitig Bedacht genommen ist auf die Zinsen- und Kostenkaution und etwa vorhergehende Hypotheken. Bei Gebäu-

[1]) Reglement für das Hypothekengeschäft der Bayer. Vereinsbank, §§ 4 und 5.

[2]) Reglement der Bayer. Landwirtschaftsbank, § 4.

den ist die Maximalgrenze der Belehnung bestimmt durch die Hälfte der Brandversicherungssumme.

7. Kapitel.

Folgeerscheinungen der bestehenden Kreditverhältnisse. Subhastationen. Verhältnis der Neueintragungen von Hypotheken zu den Löschungen. Die Hypothekentilgungsversicherung.

Nachdem wir in der vorstehenden Ausführung den Nachweis erbracht zu haben glauben, dafs bei der reichlichen Anzahl der Kreditinstitute in Bayern Klagen über Mangel an Kapital nicht mehr bestehen können, indem jedem, der verhältnismäfsige Sicherheit leisten kann, Geld zum landesüblichen Zinsfufs zur Verfügung steht, wird es nicht zu übergehen sein, zu untersuchen, welche Folgeerscheinungen die bestehenden Kreditverhältnisse zeitigten. Konnte man vor der Gründung der Pfandbriefanstalten in Bayern das Vorherrschen einer Kreditnot feststellen, so liegt heutzutage fast die Berechtigung vor, von einer Schuldnot zu sprechen. Wenn erstere in der Schwierigkeit, legitime Kreditbedürfnisse in angemessener Weise zu befriedigen, zum Ausbruch kommt, äufsert sich letztere in dem Übermafs von Kreditverpflichtungen im Verhältnis zur Möglichkeit der Schuldabtragung. Es ist zwar unerweislich, ob in der Gegenwart der bayerische Grundbesitz oder auch nur der gröfsere Teil desselben in einem Mafse mit Schulden belastet ist, dafs eine Verzinsung und allmähliche Tilgung der Schuld mehr und mehr dem Bereich der Möglichkeit entrückt erscheint. Jedenfalls ist aus dem Nachweis über die in gröfserem oder geringerem Umfang erfolgten Löschungen von Schuldposten, sowie aus dem sich ständig vollziehenden Einzug der Annuitäten von Amortisationsdarlehen zu entnehmen, dafs die Verschuldungshöhe bei einem grofsen Teil des Grundbesitzes die Grenzen der Verschuldungsfähigkeit, noch nicht überschritten hat.

Bei der Bayerischen Hypothek- und Wechselbank, als dem bedeutendsten Hypothekarkredit-Institut in Bayern, betrugen die Zins- und Annuitätenrückstände:

zu Ende des Jahres 1880[1]: 1 971 725 M., d. i. 0,59 % von der Gesamtschuldigkeit;

zu Ende des Jahres 1886[1]: 1 870 328 M., d. i. 0,46 % von der Gesamtschuldigkeit;

hingegen des Jahres 1899[2]: 3 437 669 M., d. i. 8,24 % von der Gesamtschuldigkeit.

Die Geschäftsberichte der übrigen Bodenkreditanstalten konstatieren zwar die Zins- und Annuitätenrückstände, ohne aber dabei den Prozentsatz von den Gesamtschuldigkeiten anzugeben. Wenn man die zahlenmäfsigen Belege der Hypothek- und Wechselbank zu Grunde legt, um einen beiläufigen Schlufs auf die Tilgung der entliehenen Kapitalien und Zahlung der Zinsen ziehen zu können, so scheint in den achtziger Jahren das diesbezügliche Ergebnis sich besser gestaltet zu haben wie in jüngster Zeit, wo das prozentuale Verhältnis zwischen Zins- und Annuitätenrückständen und Gesamtschuldigkeiten um ein Erhebliches stieg, d. h. also eine Verschlechterung erfuhr. Mögen die Gründe hierfür zum Teil darin gesucht werden können, dafs in den letzten Jahren weniger hohe Reinerträge infolge äufserer Umstände — geringe Ernten als Folgeerscheinung ungünstiger Witterung — oder infolge schwankender Konjunkturen erzielt wurden oder aber in noch andern Ursachen zum Ausdruck kommen, so neigt man heutzutage doch auch der Ansicht zu, dafs die Wahrnehmung der höheren Rückstandsummen in Einklang gebracht werden kann mit einer teilweisen Überschuldung des ländlichen Grundbesitzes. Besonders bemerkenswert erscheinen hier alle jene Fälle, in denen bei anormaler Preisbildung des Grund und Bodens der Verkehrswert weit über den Ertragswert hinausgehoben wird. Unter diesen Gesichtspunkt fällt wiederum weniger der eigentliche Grofsgrundbesitz als vielmehr der Mittel- und Kleinbesitz, nach welchem bei relativ geringem Angebot grofse Nachfrage herrscht.

Ein allgemeines Urteil über die Gesamtlage läfst sich eher gewinnen, wenn man die Zwangsveräufserungen landwirtschaft-

[1]) Conf. »Die Landwirtschaft in Bayern« 1885, S. 746.

[2]) Conf. Geschäftsbericht der Hypothek- und Wechselbank 1899.

licher Anwesen in Bayern mit in Vergleich zieht, obgleich keineswegs hierfür die alleinige Ursache in einer übergrofsen Überschuldung gesucht werden kann.

Aus der Statistik, welche seit dem Jahre 1880 über den Zwangsverkauf landwirtschaftlicher Anwesen in Bayern regelmäfsig geführt wird, entnehmen wir folgendes Bild (conf. statist. Jahrb. für das Königr. Bayern 1899, S. 71:)

Jahrgang	Zahl der verganteten Anwesen [1])	Gröfse ha
1880	3 739	30 059
1882	2 071	15 665
1884	1 506	11 017
1886	1 348	8 582
1888	1 514	10 483
1890	1 198	7 971
1892	890	6 804
1894	991	7 385
1896	1 148	9 149
1897	1 280	11 318
1898	1 248	10 395

Im Durchschnitt lassen die Ziffern für das gesamte Königreich im Verlaufe der achtziger Jahre, sowie bis zur Mitte der neunziger Jahre eine fortlaufende Verminderung der verganteten Anwesen, sowie der Grundfläche ersehen, während in den letzten Ergebnissen der statistischen Erhebung wieder eine steigende Tendenz vorzuherrschen scheint. Die Beteiligung der einzelnen Besitzkategorien an den Subhastationen ist sehr verschieden und macht sich ein Vorwiegen des Kleinbesitzes, weniger der mittleren und grofsen Güter geltend.

Der statistische Nachweis liefert hierzu folgende Zahlen (statist. Jahrb. für das Königr. Bayern 1899, S. 71):

[1]) Die gesamten landwirtschaftlichen Betriebe im Königreich Bayern betragen 663 785 mit 341 577 ha. (statist. Jahrb. für das Königr. Bayern 1899, S. 52.)

Regierungs-bezirke	Zahl				Größe			
	der verganteten landwirtschaftlichen Betriebe							
	mit einer Fläche von				mit einer Fläche von			
	unter 5 ha	5 bis unter 20 ha	20 bis unter 50 ha	50 ha und mehr	unter 5 ha	5 bis unter 20 ha	20 bis unter 50 ha	50 ha und mehr
Oberbayern	121	80	16	2	266	794	437	109
Niederbayern	153	145	38	2	390	1 588	1 152	151
Pfalz	18	7	—	—	26	47	—	—
Oberpfalz	73	62	17	5	191	652	511	279
Oberfranken	36	23	4	—	88	233	95	—
Mittelfranken	117	57	6	1	236	560	203	54
Unterfranken	45	27	3	2	84	280	85	242
Schwaben	112	59	13	4	291	599	443	309
Königreich: (im Jahre 1898)	675	460	97	16	1 572	4 753	2 926	1 144

Eine genaue statistische Erhebung, wonach die Ursachen der Subhastationen festgestellt sind, liefert das Jahr 1895 und bietet dadurch wesentliche Anhaltspunkte für die Beurteilung der einschlägigen Verhältnisse.

Hiernach sind die erfolgten Vergantungen von landwirtschaftlichen Anwesen, die sich in diesem Jahre auf 1086 belaufen, zu 45,7 % auf eine ungünstige Gutsübernahme, Überschuldung und Kapitalskündungen zurückzuführen. Demnächst kommen Mangel an Sparsamkeit, Leichtsinn und Trunksucht (22,5 %) als Ursachen. Alle übrigen Gründe treten gegen die vorgenannten erheblich zurück. (Siehe Tabelle S. 43.)

Die Art und Weise, wie sich die Vererbung des Besitzes von den Eltern auf die Kinder vollzieht, wird die ländliche Verschuldung wohl am meisten beeinflussen. Die frühere Darstellung über die Grundbesitzverteilung, die Wirtschaftsmethode und die familienrechtlichen Verhältnisse hat bereits darzulegen versucht, wie die Verhältnisse in Bayern in dieser Hinsicht liegen.

Die in Kürze daraus zusammengefafsten Ergebnisse lassen erkennen, dafs Bayern zwei Rechtsgebiete mit grundsätzlich verschiedenen Besitzübertragungen hat: im südlichen Teil des Königreichs ist mit wenigen Ausnahmen der geschlossene Übergang des bäuerlichen Besitzes an die Erbberechtigten die Regel, wobei die Abfindung der übrigen Erben nicht durch Hingabe von Grundstücksparzellen, sondern durch Geld erfolgt. Im nördlichen Teil herrscht die Realteilung vor, welche in der Art vorgenommen wird, dafs jedes der Erbberechtigten seinen Anspruch in Parzellen bezw. Gebäuden oder Teilen von solchen ausgewiesen erhält. Rentengüter existieren keine. Bei dem geschlossenen Übergang wird für die Wertsberechnung in der Regel der Verkaufswert zu Grunde gelegt und hierbei $^1/_4$ in Abzug gebracht; der Ertragswert bleibt meistens unberücksichtigt. Die ausdrückliche Zuweisung eines ziffernmäfsigen Übergangsvorteiles auf Kosten des gesetzlichen Erbteiles bezw. des Pflichtteilrechtes der Miterben ist selten; häufiger ist die Gewährung indirekter Vorteile, wie insbesondere niedriger Wertanschlag, Nichteinrechnung des Inventars u. s. w.

Mag immerhin bei letzterer Besitzübertragung der Anerbe eine bevorzugtere Stellung einnehmen gegenüber den Miterben, so erweist sich dennoch seine Lage meist als eine solche, welche die Notwendigkeit einer Kredit-

Ursachen der Vergantungen in Fällen. [1]

Ungünstige Gutsübernahme, Überschuldung, Kapitalsknappheit	496
Mangel an Sparsamkeit, Leichtsinn, Trunksucht	244
Wechselschulden, Bürgschaft	27
Geschäftsunkenntnis, Mangel an Arbeitskräften, schlechte Bewirtschaftung	52
Verfehlte Spekulation, Bauwut, Neubauten	43
Krankheit, hohes Alter, Gebrechen, Unglücksfälle, zahlreiche Familie, Viehfall	35
Hagel, schlechte Ernte, Wasserschaden	29
Vermögens- od. Kreditlosigkeit, Mangel an Betriebskapital, Verlust im Geschäfte oder durch Schulden	51
Arbeitsscheue, Spielsucht, Müfsiggang	19
Prozefssucht, verlorene Prozesse	14
Geschäftsstockung, Mangel an Verdienst, schlechte Verwertung	22
Todesfall, Mord, Selbstmord	16
Brand	13
Wucher	8
Unsolidität im Geschäft, Fälschung, Betrug, eigene Verurteilung, Haft	7
Familienzwiste, Ehetrennung, böswilliges Verlassen, Flucht, Auswanderung	8
Ungenügende Versicherung	2
Zahl überhaupt	1086

[1]) „Die Mafsnahmen auf dem Gebiete der landwirtschaftlichen Verwaltung in Bayern“, S. 254.

aufnahme erheischt, da heute die Miterben nicht nur nicht mehr auf dem Anwesen verbleiben und in Gemeinschaft mit dem Übernehmer fortwirtschaften wollen, sondern auch sich nicht mit der Rente ihrer Abfindungssumme begnügen, vielmehr meist sofort die Auszahlung des Kapitals beanspruchen. Gelangt vollends das Besitztum, mit alten Hypothekarschulden belastet, in die Hände des Erbberechtigten, so ist dessen Lage damit wesentlich verschlimmert und kann die Ursache zur Überschuldung bieten. Ähnlich gestalten sich die Verhältnisse bei Güterverkäufen, welche mit noch nicht abgetragenen Hypothekenschulden in die Hand des Käufers übergehen.

Von dem Gesichtspunkt ausgehend, dafs eine »Entschuldung des ländlichen Grundbesitzes« in kürzerer Zeit als sie bei den bisher gebräuchlichen Annuitätendarlehen zu erfolgen hat, treten in jüngster Zeit Projekte zu Tage, welche die Tendenz haben, die Verkürzung der Zeitperiode, in welcher die Tilgung der eingegangenen Schulden zu bewerkstelligen ist, zu realisieren.

Die amtlichen Erhebungen vom Jahre 1895 und 1897 über die Hypothekarverschuldung des Grundbesitzes geben an, dafs die Gesamteintragungen an Hypotheken [1])

im Jahre 1895: 458910579 M.,
» » 1897: 566451382 »

betragen. Hiervon treffen auf:

im Jahre 1895:

a) land- und forstwirtschaftlich benutzte Grundstücke		157332514 M.,
b) städtisch und gewerblich	» »	281219314 »
c) landwirtschaftl. u. gewerblich	» »	20358751 »

im Jahre 1897:

a) land- und forstwirtschaftlich benutzte Grundstücke		163985840 M.,
b) städtisch und gewerblich	» »	368313820 »
c) landwirtschaftl. u. gewerblich	» »	34152122 »

[1]) Conf. »Statistisches Jahrbuch für das Königreich Bayern« 1899, S. 135, 137 und 138.

An Löschungen stehen diesen Beträgen gegenüber

für das Jahr 1895:	für das Jahr 1897:
bei a) 134 920 098 M.,	bei a) 138 692 125 M.,
» b) 179 022 413 »	» b) 179 160 537 »
» c) 15 333 101 »	» c) 21 207 360 »
im ganzen: 329 266 612 M.;	im ganzen: 339 060 022 M.,

Im Verhältnis zu den Eintragungen betrugen die Löschungen zusammen:

im Jahre 1895: 71,8 % = 129 643 967 M. mehr Eintragungen als Löschungen,

im Jahre 1898: 59,85 % = 227 391 360 M. mehr Eintragungen als Löschungen.

Im einzelnen

im Jahre 1895:

bei a) 85,8 % = 22 412 416 M. mehr Eintragungen als Löschungen
» b) 63,7 » = 102 205 901 » » » » »
» c) 75,4 » = 5 025 650 » » » » »

Im Jahre 1897:

bei a) 84,6 % = 25 293 315 M. mehr Eintragungen als Löschungen
» b) 48,6 » = 189 153 283 » » » » »
» c) 62,0 » = 12 944 762 » » » » »

Dazu ist jedoch zu bemerken, dafs vielfach Hypotheken durch Tilgung wohl erlöschen, von dieser Thatsache aber im Hypothekenbuche kein Vermerk gemacht wird. Dies ist häufig bei denjenigen Hypotheken der Fall, die zur Sicherung von Nutzungen, Leibgeding, Austrag u. a. errichtet werden und mit dem Tode des Berechtigten erlöschen.[1]) Die thatsächlichen Summen der Löschungen sind daher etwas höher, der Überschufs der Eintragungen geringer als die Hypothekenbücher ersehen lassen.

Richten wir unser Augenmerk allein auf die Verhältnisse der land- und forstwirtschaftlichen Grundstücke, so bekommen wir für das rechtsrheinische Bayern folgendes Bild:

[1]) »Die Mafsnahmen auf dem Gebiet der landwirtschaftlichen Verwaltung in Bayern« 1890—97, S. 250.

Gesamtübersicht der Eintragungen und Löschungen von Hypotheken nach Regierungsbezirken. [1])

Regierungsbezirke	Eintragungen M.	Löschungen im ganzen M.	Löschungen zufolge von Zwangsversteigerungen M.	+ Mehr Eintragungen — Mehr Löschungen
Oberbayern . . .	47 756 580	38 445 164	778 738	+ 9 311 416
Niederbayern . .	32 524 570	28 826 359	1 152 273	+ 3 698 211
Oberpfalz	13 906 995	12 656 280	423 807	+ 1 250 715
Oberfranken . . .	10 325 808	8 657 473	121 382	+ 1 668 335
Mittelfranken . .	15 639 866	13 286 223	878 865	+ 2 353 643
Unterfranken . .	18 682 195	17 140 978	361 276	+ 1 541 217
Schwaben	25 149 426	19 679 648	512 122	+ 5 469 778
Königreich r./Rh.:				
Jahr 1897 . .	163 985 440	138 692 125	4 228 463	+ 25 293 315
» 1896 . .	161 244 221	141 282 845	3 601 953	+ 19 961 376
» 1895 . .	157 332 514	134 920 098	3 196 835	+ 22 412 416

Regierungsbezirke	Auf 100 M. Eintragungen treffen Löschungen	Auf 100 M. Löschungen treffen solche zufolge von Zwangsversteigerung
Oberbayern . . .	80,50	2,03
Niederbayern . . .	88,62	4,00
Oberpfalz	91,09	3,35
Oberfranken . . .	83,84	1,40
Mittelfranken . .	84,95	6,61
Unterfranken . .	91,75	1,71
Schwaben	78,21	2,60
Königreich r./Rh.:		
Jahr 1897 . .	84,57	3,04
» 1896 . .	87,62	2,55
» 1895 . .	85,75	2,57

Der Prozentsatz bei neu eingetragenen Hypotheken behufs Herauszahlung an Eltern und Geschwister (Hausgelder, Zehrpfennig, Elterngüter, Erbabfindungen) und für Renten-, Unterhalts- und sonstige Ansprüche auf wiederkehrende Leistung nimmt beim landwirtschaftlichen Grundbesitz nahezu den vierten Teil —

[1]) Statist. Jahrb. f. d. Königr. Bayern 1899, S. 138.

23,8 % — ein, während er unter den Hypotheken des städtischen und gewerblichen Grundbesitzes nur 2,5 % beträgt.

Häufen sich Hypotheken zur Erfüllung oben genannter wie auch anderweitiger Zwecke auf, ohne daſs die Schuld von demjenigen, der sie kontrahiert hat, zur Löschung kommt, so ist es naheliegend, daſs dadurch die Gefahr einer Überschuldung mit ihren verderblichen Folgen heraufbeschworen werden kann. Es ist als ein Problem der Jetztzeit zu betrachten, im Bereich des Hypothekenwesens Einrichtungen zu treffen, welche derartige Überschuldungen des ländlichen Grundbesitzes hintanzuhalten geeignet sind. Als ein diesbezügliches Projekt ist die sogenannte Hypothekentilgungsversicherung[1]) zu bezeichnen, die bis jetzt erst Gegenstand theoretischer Erörterungen gewesen ist, dagegen praktisch noch nicht zur Anwendung gelangt. Sie hat zum leitenden Prinzip, daſs »jede Generation die Schulden zu tilgen hat, die von ihr aufgenommen worden sind«. Felix Hecht, der Hauptvertreter dieser Richtung, drückt sich in seiner »Entschuldung des ländlichen Grundbesitzes« wie folgt aus: »Alle Realkreditinstitute haben die Verschuldung des Grundbesitzes in die richtigen Bahnen geleitet; der Entschuldung des ländlichen Grundbesitzes haben sie im geringeren Maſse gedient«. Damit will er aber den Wert des Annuitätensystems nicht unterschätzen, sondern vielmehr darauf hinweisen, die wirtschaftliche Bedeutung desselben klarer zu erkennen. Hecht folgert aber weiter: Herrscht jedoch beim Annuitätensystem eine niedrige Amortisationsquote vor — in Bayern gewöhnlich $^1/_2$ % — so ist es klar, daſs der Gedanke einer Entschuldung des ländlichen Grundbesitzes in diesem System derzeit seinen Ausdruck nicht findet. In diesem Sinn erklärt er also die Art der Schuldentilgung durch Annuitäten als ein unvollkommenes Mittel der Schuldentlastung. Bedenkt man überdies, daſs die süddeutschen Hypothekenbanken dem Schuldner keinen Zwang auferlegen, die früher kontrahierte

---

[1]) Grundlage dieser Ausführungen: »Entschuldung des ländlichen Grundbesitzes von Felix Hecht«. — »Die Nutzbarmachung der Lebensversicherung für die Schuldentlastung des ländlichen Grundbesitzes« — Verhandlungen des Deutschen Landwirtschaftsrates 1900.

Schuld zu tilgen, bevor eine neue eingegangen werden kann, das vielmehr einer neuerlichen Schuldaufnahme, nachdem der Kapitalsrest sich auf einen gewissen Betrag vermindert hat, keine Schwierigkeit entgegengesetzt wird, so ist damit erwiesen, dafs auf diese Weise die wirtschaftlichen Vorzüge des Amortisationsprinzipes thatsächlich illusorische sind.

Mag hierin der eine Faktor ersehen werden, der das Amortisationssystem als ein unzulängliches und in seiner gebräuchlichen Form zu lange währendes Tilgungsmittel hinstellt, so findet der andere seine drastische Beleuchtung dadurch, dafs die Zeit der Schuldentilgung mit niedrigen Amortisationsquoten der wahrscheinlichen Lebensdauer des Darlehensnehmers nicht entspricht, dafs demzufolge nur ein geringer Prozentsatz derjenigen Personen, welche ein Annuitätendarlehen selbst in jüngeren Lebensjahren aufnehmen, das Ende der Tilgung erlebt, während die Mehrzahl ihr Besitztum mehr oder weniger schuldbelastet hinterläfst.

Nach den Sterblichkeitstabellen erreichen:

von 100 Personen im Alter von 20 Jahren bei 4%igem Amortisationsdarlehen 19 das Ende der Tilgung,

von 100 Personen im Alter von 20 Jahren bei 3½%igem Amortisationsdarlehen 11 das Ende der Tilgung,

von 100 Personen im Alter von 20 Jahren bei 3%igem Amortisationsdarlehen 4 das Ende der Tilgung.

Die Tilgungszeit ist im ersten Fall auf 55 Jahre, im zweiten auf 60 Jahre, im dritten auf 65 Jahre bemessen mit einer jedesmaligen Tilgungsquote von ½%. (conf. »Entschuldung des ländlichen Grundbesitzes« — Hecht, S. 5.)

Dieses Verhältnis wird sich bei Zunahme des Lebensalters in einer Weise verändern, dafs schliefslich kaum noch eine Person von 100 (z. B. bei 35 Jahren) das Ende der Tilgung erlebt.

Die reformatorische Richtung, welche die Entschuldung des Grundbesitzes in kürzerer Zeit als bisher zu bewirken strebt, sucht einen Ausweg dadurch anzubahnen, dafs zugleich mit der Aufnahme eines Darlehens die Entnahme einer Lebensversicherungspolize in Vorschlag gebracht wird. Auf die Tilgung der Amortisationshypothek wirkten demnach zwei Faktoren ein, die jährliche Annuitätenabzahlung und die Lebensversicherungssumme, welche bestimmt ist, die Kapitalrestsumme nach Ablauf einer länger oder kürzer bestimmten Frist der Hypothekenlöschung oder im Todesfall zu begleichen. Für die Löschung einer untilgbaren Hypothek ist die abgekürzte Lebensversicherung in Vorschlag gebracht, die einfache auf die Gesamtschuld an Stelle der Amortisation. Der Zweck der Kombination der Lebensversicherung mit der Aufnahme eines Darlehens basiert also vornehmlich auf dem Moment, eine Garantie dafür zu schaffen, dafs die Amortisation ihr Ziel — Tilgung der Gesamtschuld — erreicht, unabhängig von den Wechselfällen des menschlichen Lebens, so dafs das verschuldete Besitztum ohne hypothekarische Belastung auf den Nachfolger übergeht. Dieses Projekt ist in dem Begriff der Hypothekentilgungsversicherung zusammengefafst und berechtigt zu der Annahme, dafs dadurch das Problem, die von einer Person eingegangenen Schuldverpflichtungen nicht auf die nachfolgende Generation zu übertragen, theoretisch gelöst erscheint. Ob es sich hingegen in der Praxis Eingang verschaffen und nicht auf wirtschaftliche Hindernisse stofsen wird, die eine allgemeine Einführung desselben vereiteln, bleibt der Zukunft vorbehalten.

Die zuletzt darüber geführten Enquêten[1]) suchten vor allem den Nachweis zu liefern, dafs es in erster Linie die jährlich höhere Belastung des Darlehennehmers wäre, dargestellt durch den Zins nebst Amortisation und durch die Versicherungsprämie, welche die Mehrzahl unserer Landwirte auf die Dauer nicht ertragen könnten.

Der Zuschlag für die Lebensversicherung berechnet sich nach Hecht, vorausgesetzt dafs der Schuldner schon im Alter von 25—30 Jahren die Polize entnimmt, auf 2% des Schuldkapitals, d. h. für ein versichertes 3½%iges Darlehen beträgt die jährliche Leistung 3½% Zins, ½% Amortisation, ½% Verwaltungsgebühr und 2% Versicherungsprämie, im ganzen 6½%. Dabei ist jedoch zahlenmäfsig nachweisbar, dafs bei der Amortisation eines Darlehens, wenn der Betrag der Versicherungsprämie

---

[1]) Conf. »Nutzbarmachung der Lebensversicherung für die Schuldentlastung«, S. 113 ff.

der Amortisationsquote zugerechnet wird, $^2/_3$ der Zeit und $^2/_3$ der Leistung erspart wird, wobei allerdings das psychologische Moment, dafs sich der Schuldner gegen die Wechselfälle des menschlichen Lebens geschützt fühlt, in Wegfall kommt.[1]) Die Höhe der jährlichen Leistung des Darlehennehmers hat denn auch zu der Ansicht geführt, dafs es überhaupt schon von wesentlichem Vorteil sei, einen gröfseren oder geringeren Teil der Schuld auf dem Wege der Lebensversicherung tilgen zu lassen. Für die Versicherung von $^1/_5$ der Schuld wäre $^1/_2$% der Darlehenssumme erforderlich, also eine wesentliche geringere Abgabe des Schuldners und unter diesem Gesichtspunkt scheint die Einrichtung an praktischer Bedeutung zu gewinnen.

Weitere Nachteile, welche die einzuführende Hypothekentilgungsversicherung mit sich bringt, erblickt man darin, dafs der Gesundheitszustand des zu Versichernden sowie dessen Alter erheblich mit in die Wagschale fällt, und dafs damit ein gröfserer oder geringerer Prozentsatz von Personen nicht die Vorteile des zu Grunde liegenden Gedankens nutzen könnte. Einen Ausweg glaubt man allerdings darin zu finden, dafs an Stelle des älteren oder gebrechlicheren Vaters der jüngere Sohn in die Versicherung eintreten könnte; doch wird damit das Prinzip des Projektes, die eingegangenen Schulden und deren Tilgung nicht auf die nächstfolgende Generation zu verpflanzen, illusorisch.

---

[1]) Das Referat des Oberfinanzrates Havenstein (Berlin, Deutscher Landwirtschaftsrat) führt aus:

Ein Dreifsigjähriger bei einer Lebensversicherung von 10000 M. auf 35 Jahre hat jährlich nach Hecht 631 M. (6,31%) aufzubringen. Die Gesamtleistung würde also in 35 Jahren rund 22100 M. erfordern. Bringt derselbe Besitzer $3^1/_2$% Zinsen und 2,81% Amortisation, für das Annuitätendarlehen verwendet, also die gleiche Jahresleistung von 6,31% auf, so ist die Tilgung der Schuld bereits in $23^1/_2$ Jahren vollendet und die Gesamtleistung beträgt nur 14852 M., also $^2/_3$ der Zeit und $^2/_3$ der Leistung. Bedenkt man, dafs von den 100 Dreifsigjährigen nach $23^1/_2$ Jahren noch über 75, selbst nach 35 Jahren noch 35 leben, so verdient die Amortisation mit erhöhter Quote den unbedingten Vorzug, zumal jeder Dreifsigjährige die Hoffnung darauf setzen wird, dafs er zu den 75 gehört, die den Ablauf der Amortisationsfrist erleben. (»Nutzbarmachung der Lebensversicherung für die Schuldentlastung — Verhandlungen des Deutschen Landwirtschaftsrates« 1900, S. 116.)

Fernerhin werden es nicht zu unterschätzende Schwierigkeiten sein, entweder jede Hypothekenbank mit einer Lebensversicherung zu vereinigen oder die dadurch entstehenden Wechselbeziehungen zwischen Hypothekenbanken und Lebensversicherungsgesellschaften zur sachgemäfsen Durchführung zu bringen.

Es ist als eine Aufgabe für sich zu betrachten, die näheren Details des »Für« und »Wider« der Hypothekentilgungsversicherung einer eingehenden Prüfung zu unterziehen. Hier sei nur noch darauf hingewiesen, dafs in den Verhandlungen der Plenarversammlung des deutschen Landwirtschaftsrates 1900 die Frage der Schuldentilgung nicht die Fassung erhielt: wie ist die Lebensversicherung verwendbar für die Schuldentlastung des ländlichen Grundbesitzes, — sondern dafs die Lösung der Frage aufgeworfen wurde: ob und welche Reform des Amortisationssystems geeignet ist, eine Schuldentlastung wirksamer als bisher durchzuführen.

Zweiter Teil.

Der Personalkredit.

1. Kapitel.

Die genossenschaftlichen Kreditvereine (Raiffeisen - Schultze-Delitzsch) als Abhilfe gegen das Wuchertum auf dem Lande.

Ist es im Wesen des Realkredits gelegen, die Kapitalausleihungen durch Bestellung eines Pfandobjektes — Hausbesitz, Liegenschaften — rechtlich zu sichern, so ist die andere Art der Kreditgewährung, der Personalkredit, diejenige, welche sich neben Berücksichtigung der Vermögenslage des Kreditempfängers auf das Vertrauen in dessen Persönlichkeit, moralische und geschäftliche Thätigkeit stützt. Für die Landwirtschaft sind beide Kreditarten insofern von gleich hoher Bedeutung, als sie in ihrer gegenseitigen Ergänzung aufeinander einwirken, wobei die Gröfsenverhältnisse der Betriebe — Klein-, Mittel-, Grofsgrundbesitz — mafsgebend sind, ob dem Real-, ob dem Personalkredit der Vorzug gegeben werden mufs.

Wenn wir davon absehen, in welchem Umfang der Personalkredit von der ländlichen Bevölkerung durch Eröffnung des Kontokorrentverkehrs bei Bankinstituten beansprucht wird, so sind es vor allem die auf Selbsthilfe beruhenden, genossenschaftlichen Vereinigungen nach Raiffeisen und Schultze-Delitzsch, welche sich in unseren Tagen zu einer ungeahnten Blüte und Ausdehnung entfaltet haben und dies um so mehr in Gegenden und Ländern, wo der eigentliche Grofsgrundbesitz nur schwach vertreten ist, der Mittel- und Kleinbesitz aber in den Vordergrund tritt.

Die wirtschaftliche Bedeutung der Kreditassociationen als Quellen für den ländlichen Personalkredit wurzelt vornehmlich darin, dafs sie einerseits dem kleinen Mann dieselben Vorteile bieten, die der Grofsgrundbesitz aus den grofsen Banken zieht, ihm also Kreditfähigkeit und -Gelegenheit verschaffen, anderseits aber darin, dafs durch ihre Thätigkeit in wirksamer Weise dem Wuchertum auf dem Lande entgegengetreten worden ist. Nachdem ersterer Punkt in der Litteratur über das genossenschaftliche Kreditwesen allerseits Würdigung gefunden hat, betrachten wir es hier nur noch als unsere Aufgabe, darauf hinzuweisen, in wie weit das Aufblühen der genossenschaftlichen Kreditorganisationen dazu beigetragen hat, dem Wuchertum entgegen zu arbeiten.

Es ist eine bekannte Thatsache, dafs der Wucher überall da am meisten floriert, wo bei kleinem landwirtschaftlichen Betrieb — Parzellenbesitz in Bayern unter 1 ha 23,65 %, 1—20 ha 69,60 %[1]) — die Einnahmen ständigen Schwankungen unterworfen sind. In Bayern trifft dies hauptsächlich in den fränkischen Kreisen und in der Pfalz zu, indem hier der Anbau von Wein und Handelsgewächsen infolge schwankender Konjunkturen die wünschenswerte Stabilität der Erträgnisse nicht immer im Gefolge hat. Zwingen also den kleinen Mann schlechte Zeiten, zu einer Geldaufnahme zu schreiten, so war er früher meistens dazu verurteilt, sich einem gewerbsmäfsigen Geldverleiher anzuvertrauen, der nicht selten dessen schlimme Lage zu seinem Vorteil auszunutzen wufste.[2]) Den besten Beweis liefert hierzu die Agrarkrisis der fünfziger Jahre, wo eine ununterbrochene Reihe von

[1]) Statist. Jahrb. für das Königr. Bayern 1899, S. 52.

[2]) Die Inanspruchnahme der Hypothekarkreditanstalten von seiten des kleinen Grundbesitzes erfährt, wenn auch heutzutage gegenüber früheren Zeiten die Grenzen weiter gezogen sind, doch dadurch eine Einschränkung, dafs das Pfandobjekt nur von einer gewissen Gröfse an als Unterlage für eine Hypothekbestellung anzusehen ist, dafs überdies behauptet werden kann, dafs die Mehrzahl der Aktienhypothekenbanken zur Erzielung eines höheren Gewinnes es vorziehen, nur gröfseren Grundbesitz zu belehnen.

Fehlernten (1850—53) die kleine ländliche Bevölkerung in umfangreichstem Maſse zur Eingehung von Konsumtionsschulden drängte und der Zustand ungenügender Kreditorganisationen dem Wuchertum eine breite Unterlage bot.[1]) Nicht zum geringsten Teil kann als die Folge davon angesehen werden, daſs eine Überzahl von kleinen Anwesensbesitzern dem Ruin anheimfiel. Diesbezügliche ziffermäſsige Belege weist die Statistik für das Königreich Bayern nicht auf; hingegen werden die Vergantungen des benachbarten Württemberg

für das Jahr 1850/51 in der Höhe von 4 220
» » » 1851/52 » » » » 4 893
» » » 1852/53 » » » » 5 635 [2])

angeführt und es mag daraus der Schluſs gezogen werden können, daſs in Bayern, insbesondere im nordwestlichen Teil desselben, ähnliche Zustände herrschten. Es ist als eine Frage für sich zu behandeln, ob die weitgehende Zersplitterung des Grundbesitzes, welche im allgemeinen alle süddeutschen Staaten kennzeichnet, derartige Krisen verschärft und ob die Vorteile des Kleinbesitzes in diesen Ländern den Nachteilen desselben ein gleichbedeutendes Aquivalent bieten oder nicht.

Die verbreitetsten Arten der Bewucherung knüpfen sich neben den gewöhnlichen Geldverleihgeschäften an den Vieh- und Grundstückshandel, sowie an den aus letzterem und aus Erbschaftsauseinandersetzungen sich ergebenden Protokollhandel, (Cessionen) an [3]). Es würde zu weit führen, auf das Typische der einzelnen Formen einzugehen. In allen Fällen jedoch pflegt ein Hauptkunstgriff der gewerbsmäſsigen Wucherer darin zu bestehen, das Schuldverhältnis allmählich zu einem verworrenen, für den Schuldner undurchsichtigen zu gestalten und die völlige Heimzahlung der Schulden, so lange überhaupt von dem Schuldner noch etwas zu erpressen ist, zu hintertreiben. Indem weiterhin die Zahlungstermine für die Zinsen und Kapitalsquoten meist auf einen für den ländlichen Schuldner denkbar ungünstigen

[1]) Conf. »Buchenberger Agrarpolitik« 1. Teil. 1892, S. 418.

[2]) Conf. »Buchenberger-Agrarpolitik« 1. Teil 1892, S. 418 unten.

[3]) Conf. »Buchenberger, Agrarwesen- u. Agrarpolitik«, 2. Teil, S. 206 ff.

Zeitpunkt angesetzt werden, z. B. vor der Ernte, ist damit ein sehr wirksames Mittel zur Erzwingung von Kündigungsprovisionen und zur Heraufsetzung der Schuldsumme gegeben.

Diesen Übelständen wurde allerdings von seiten des Staates durch Gesetz (Reichsgesetz vom 24. Mai 1880 betr. den Wucher und die Novelle vom 19. Juni 1893) in gewisser Hinsicht gesteuert. Doch erscheint das Eingreifen des Staates insofern als unzulänglich, als nur die eklatantesten Fälle — übermäfsig hohe Zinsen und anderweitiger augenscheinlicher Betrug — dem Strafrecht verfallen. Indem der Darlehenswucher insbesondere, wo Wuchergesetze bestehen, die Ausbedingung hoher Zinsen ausdrücklich vermeidet, dagegen die Ausbeutung des Schuldners durch Berechnung hoher Provisionen und Stundungsgebühren, ferner durch starke Vorwegabzüge an der Darlehenssumme, auf die der Schuldschein oder Wechsel lautet, herbeizuführen versucht, bleibt die Mehrzahl der vorkommenden Wucherfälle ungeahndet.

Kreditnot und Wucher stehen in so engem Zusammenhang, dafs alles, was auf eine bessere Organisation des landwirtschaftlichen Kredits abzielt, mittelbar auch eine wirksame Waffe gegenüber der wucherischen Ausbeutung bedeutet. Und weil überall da, wo Kreditorganisationen für den kleinen Landwirt ganz fehlen, wie es bis 1877 in Bayern der Fall war, das augenblickliche Kreditbedürfnis grofsenteils mit Hilfe des privaten Geldverleihers befriedigt wird und damit Hand in Hand das Wuchertum in gröfserem oder geringerem Umfang auftritt, so ist eben aus dem Gesichtspunkt der allmählichen Beseitigung dieser Mifsstände den Kreditgenossenschaften besondere Bedeutung beizumessen.

Es entzieht sich der Beurteilung, welchen Umfang das private Geldausleihen, sei es mit oder ohne wucherische Tendenzen, vor der Entwicklung der Kreditassociationen angenommen hat. Einigen Anhalt kann hier nur die Höhe derjenigen Summen bieten, welche die ländlichen Personalkreditgenossenschaften seit ihren Bestehen an Darlehen abgaben, und die in der weiteren Ausführung zahlenmäfsig festgestellt sind. Auf den Ankauf von Zielfristen seitens der Kreditassociationen, ein Gebiet, auf welchem das Wuchertum ein ausgedehntes Feld seiner Thätigkeit findet, werden wir in einem späteren Abschnitt (conf. S. 79 ff.) kurz zurückkommen und durch Zahlen zu bestätigen suchen, wie nützlich in dieser Hinsicht die genossenschaftlichen Kreditvereine wirken.

Bieten die Kreditassociationen einerseits Gelegenheit, die ländliche Bevölkerung des Wuchertums zu entheben, so ist weiter doch auch eine gleich hohe Bedeutung derselben darin zu suchen, dafs sie die Ergänzung des Anlagekapitals und des umlaufenden oder Betriebskapitals bezwecken. Je nach der Art und Weise des Betriebes wird aber die eine oder andere Art mehr in den Vordergrund treten. Ein kapitalintensiver Betrieb wird mehr Personalkredit, ein extensiver mehr Realkredit beanspruchen. Ist mit einem landwirtschaftlichen Betrieb Industrie verbunden, wird der Personalkredit eine gröfsere Rolle spielen, während die Landwirtschaft, welche sich auf Körnerbau und Viehhaltung beschränkt, kaum von einem andern als vom Realkredit Gebrauch machen kann. Da in neuerer Zeit auch bei der reinen Landwirtschaft sich ein stärkeres Kapitalbedürfnis für die Beschaffung von künstlichen Düngemitteln, Kraftfutter, Maschinen u. dergl. geltend macht und bei dem immer stärker hervortretenden Charakter der Geldwirtschaft im landwirtschaftlichen Betrieb ein rascherer Umsatz des umlaufenden Kapitals wünschenswert erscheint, kann man füglich sagen, dafs der Personalkredit heute in der Landwirtschaft eine gröfsere Rolle spielt als früher. Dabei sind allerdings auch, wie bereits erwähnt, die Gröfsenverhältnisse der Betriebe, sowie die Fruchtbarkeit für die Inanspruchnahme der einen oder andern Art des Kredits mafsgebend.

2. Kapitel.
Gegenüberstellung der Raiffeisenschen Darlehenskassen u. Schultze-Delitschschen Volksbanken mit Bezugnahme auf die bayerischen Verhältnisse.

In Bayern mit seinem überwiegenden landwirtschaftlichen Klein- und Mittelbesitz[1]) hat in jüngster Zeit das landwirt-

[1]) In Bayern stellte sich 1895 das Verhältnis der Betriebsgröfsen, wie folgt (statist. Jahrb. für das Königr. Bayern 1899, S. 52) siehe Tabelle S. 57:

schaftliche Genossenschaftswesen, wobei neben den mannigfachen genossenschaftlichen Vereinigungen der Produktivgenossenschaften, Konsumvereine u. s. w. die Kreditvereine in nicht geringer Zahl vertreten sind, so bedeutende Fortschritte gemacht, dafs die Behauptung gerechtfertigt erscheinen mag, die ganze Landwirtschaft wird dort von der genossenschaftlichen Idee beherrscht.

Wie in der weiteren Ausführung durch Zahlen belegt werden wird, haben sich in Bayern die genossenschaftlichen Kreditvereine nach Raiffeisen zweifellos einer bedeutend gröfseren Ausdehnung und Entwicklung erfreut wie diejenigen nach Schultze-Delitzsch. Wenn auch dem Prinzip nach beide Assoziationsarten den gleichen Zweck verfolgen, durch die Vereinigung mehrerer bei gleichzeitiger Solidarhaft dem kleinen Mann Kreditgelegenheit zu schaffen, so erweist es sich dennoch als gerechtfertigt und durch den thatsächlichen Bestand als unbestreitbar, dafs die Raiffeisenschen Darlehenskassen in höherem Mafse den Bedürfnissen der ländlichen Bevölkerung entsprechen und sich auch in grofsem Umfang bei ihr Eingang verschafft haben, während die Schultze-Delitsch'schen Volksbanken nicht so fast bei den Landwirten als vielmehr bei der gewerbetreibenden Bevölkerung Wurzel gefafst haben.

Wir können es übergehen, auf die wesentlichen Unterschiede beider Kreditorganisationen des näheren einzugehen, nachdem hierüber die Speciallitteratur genügenden Aufschlufs bietet. Jedenfalls liegt der Schwerpunkt der stärkeren Entwicklung der Raiff-

---

	unter 1 ha %	1—20 ha %	20—50 ha %	über 50 ha %
Oberbayern	14,27	71,60	12,61	1,52
Niederbayern	16,22	72,61	10,14	1,03
Pfalz	41,38	57,18	0,88	0,11
Oberpfalz	16,43	73,61	9,43	0,53
Oberfranken	27,87	67,73	4,22	0,18
Mittelfranken	23,26	55,44	6,07	0,23
Unterfranken	26,57	71,14	2,04	0,25
Schwaben	17,19	76,25	5,95	0,61
Königreich:	23,65	69,60	6,19	0,56

eisenschen Darlehenskassenvereine vor den Schultze-Delitzsch'schen Genossenschaften darin, dafs der länger befristete Kredit jener, ihre örtliche Lage, die lokale Beschränkung und die Verwaltung der Kassen durch Persönlichkeiten, welche dem engen Kreis der Beteiligten entnommen sind und wodurch ein mündliches Verhandeln der Kreditbedürftigen mit dem Vorstand als eine leichtere und bequemere Art der Kreditaufnahme ermöglicht ist, dem Landvolk und seinen Forderungen mehr zusagt als dies bei den Volksbanken nach Schultze-Delitzsch der Fall. Sie sind durch ihre örtliche Lage, durch die Kurzfristigkeit des gewährten Kredits und die überdies charakteristischen Eigenartigkeiten ihrer Verwaltung weniger von der ländlichen Bevölkerung frequentiert als vielmehr von der gewerblichen in gröfseren und kleineren Städten.

Trotzdem haben in Bayern die Schultze-Delitzsch'schen Genossenschaften für die Befriedigung des landwirtschaftlichen Kreditbedürfnisses insoferne einige Bedeutung erlangt, als sich namentlich in Franken und in der Rheinpfalz oft landwirtschaftliche und gewerbliche Betriebe in einer Person vereinigt finden und überdies auch Landwirte ohne gewerblichen Nebenberuf in nicht unerheblicher Anzahl Mitglieder von Schultze-Delitzsch'schen Volksbanken sind.

Eine Gegenüberstellung der beiderlei Arten von Kreditinstituten mit Berücksichtigung deren Anzahl und der Höhe deren Mitgliederzahl mögen zur Erhärtung obiger Behauptung dienen:

I. Augenblicklicher Stand — Jahr 1899.[1]

Kreise	Darlehenskassen nach Raiffeisen	Mitgliederzahl derselben	Volksbanken nach Schultze-Delitsch	Mitgliederzahl derselben
Oberbayern	245	17 015	3	3 014
Niederbayern . . .	177	12 308	1	81
Pfalz	454	36 152	25	14 171
Oberpfalz	177	12 074	1	86
Oberfranken	148	11 306	8	3 319
Mittelfranken . . .	319	23 605	8	8 553
Unterfranken . . .	423	30 849	16	3 861
Schwaben	223	17 927	6	13 800
Königreich:	2 166	150 666	68	48 485

[1]) »Der Stand des landwirtschaftlichen Genossenschaftswesens in Bayern 1899«, ausgearbeitet im Kgl. bayer. Staatsministerium des Innern. S. 7—24

Die Ziffern beziehen sich nur auf die an Verbände angeschlossenen Genossenschaften, während die verbandlosen, bei Raiffeisen 163, bei Schultze-Delitzsch 36, aufser Betracht gelassen sind.

II. Entwicklung. [1])

Kreise	Raiffeisen						Schultze-Delitsch	
	Jahr 1881	Jahr 1889	Jahr 1891	Jahr 1894	Jahr 1896	Jahr 1899	Jahr 1896	Jahr 1899
Oberbayern . . .	1	18	41	102	181	265	4	10
Niederbayern . .	—	—	—	45	134	189	1	1
Pfalz	—	1	28	111	383	458	26	26
Oberpfalz . . .	1	1	6	33	113	193	2	4
Oberfranken . .	—	6	27	79	113	167	15	12
Mittelfranken . .	2	18	69	166	256	343	8	12
Unterfranken . .	38	104	165	330	384	455	17	30
Schwaben . . .	—	49	102	122	154	259	6	9
Königreich:	42	197	438	988	1 724	2 329	79	104

Durch die angeführten zahlenmäfsigen Belege ist der Beweis erbracht neben dem Verhältnis der Raiffeisenkassen zu den Schultze-Delitsch-Genossenschaften, dafs das landwirtschaftliche Spar- und Darlehenskassenwesen Bayerns in neuerer Zeit einen ungemein grossen Aufschwung genommen hat, nachdem speciell in den allerletzten Jahren sowohl die Zahl der Vereine wie auch die der Mitglieder eine erhebliche Vermehrung erfuhr. Erstere hat in den letzten zwei Jahren um mehr als 31 %, letztere um 40% zugenommen. Die Organisationen haben in der Pfalz, in Mittelfranken und Unterfranken die gröfste Verbreitung gefunden, was in Zusammenhang mit der Grundbesitzverteilung, den vorherrschend kleinbäuerlichen Besitzverhältnissen, der Wirtschaftsmethode und den familienrechtlichen Verhältnissen (conf. 1. Teil — Realkredit S. 25 u. f.) zu bringen ist.

[1]) In obiger Tabelle sind die verbandlosen Vereine beider Genossenschaften mit eingerechnet. Conf. »Der Stand des landwirtschaftlichen Genossenschaftswesens in Bayern 1899«, S. 7 u. 24. — »Statist. Jahrb. für das Königr. Bayern 1899«, S. 65.

3. Kapitel.

Entwicklung der Raiffeisenschen Darlehenskassen in Bayern[1]. Der Bayerische Landesverband. — Centraldarlehenskasse.

Die Entwicklung und Verbreitung der Raiffeisen'schen Darlehenskassen in Bayern ging von Unterfranken aus, wo in Teilheim im Jahre 1877 der erste Raiffeisenverein ins Leben gerufen wurde. Es war das zu einer Zeit, wo bereits eine kleine Anzahl Schultze-Delitscher Genossenschaften der Befriedigung des landwirtschaftlichen Kreditbedürfnisses ihre Thätigkeit zugewendet hatten. In Franken (Unterfranken) wuchs die Gründungsbewegung bald in gröfserem Mafsstabe an, während in manchen Kreisen Bayerns — Niederbayern, Pfalz, Oberfranken, Schwaben — sich die Raiffeisenkassen noch gar keinen Eingang verschafft hatten, in den übrigen 3 Kreisen — Oberbayern, Oberpfalz, Mittelfranken, — die Zahl solcher Vereine erst vier betrug. In den folgenden Jahren nahm die Vermehrung dieser Kreditassociationen in erheblicher Weise zu, drang nach Mittelfranken und Schwaben, sodann in die bisher noch unberührt gebliebenen Gebiete, so dafs es im Jahre 1894 keinen Regierungsbezirk mehr gab, in dem nicht eine ansehnliche Anzahl von Darlehenskassen bestanden hätte. In dem gleichen Jahr war die Gesamtzahl der bestehenden Organisationen auf nahezu 1000 gestiegen. Das Jahr 1899 weist eine solche von rund 2300 auf, d. i. mehr als eine Verdoppelung binnen 5 Jahren.

Erst seit den neunziger Jahren also war dem kleinen Landwirt allgemein die Möglichkeit geboten, zur Befriedigung seines Kreditbedürfnisses sich an die Darlehenskassen zu halten, während er vorher zum grofsen Teil auf die geschäftsmäfsigen Geldausleiher, eventuell seine Verwandten und Nachbarn, angewiesen war. Die primäre Aufgabe der Darlehenskassen, der ländlichen Bevölkerung

[1]) Die nachstehende Darstellung fufst sich teilweise auf die »Verhandlungen der am 23., 24. und 25. Sept. 1897 in Köln abgehaltenen Versammlung des Vereins für Socialpolitik über die Handwerkerfrage und den ländlichen Personalkredit«, S. 138 ff, teilweise auf »Der Stand des landwirtschaftlichen Genossenschaftswesens in Bayern« 1899, ausgearbeitet im Kgl. Staatsministerium des Innern. — (Einleitung.)

billigen und unter Berücksichtigung der persönlichen Verhältnisse des Darlehennehmers unschwer erreichbaren Kredit zu gewähren, hat im Vergleich zu früher sich dahin erweitert, dafs von den Instituten auch andere wichtige, wirtschaftliche Aufgaben wie insbesondere die Organisation des gemeinsamen Ankaufes landwirtschaftlicher Bedarfsartikel und des gemeinsamen Verkaufes landwirtschaftlicher Produkte in die Hand genommen werden. Doch kommt diese Thätigkeit erst in zweiter Linie in Betracht und fällt aufser den Bereich von Kreditanstalten, weshalb hier nur darauf hingewiesen sein soll.

Mit der Ausdehnung und Erstarkung des Darlehenskassenwesens fühlten die einzelnen Vereine bald das Bedürfnis eines engeren Zusammenschlusses, um die gemeinschaftlichen Interessen besser wahren und Erfahrungen austauschen zu können, das Angebot und den Bedarf an Geld gegenseitig auszugleichen und insbesondere auch, um die Revision der Geschäftsführung des einzelnen Vereins gemeinsam und zuverlässig vornehmen zu lassen. Die Darlehenskassen nach Raiffeisen schlugen dabei andere Wege ein wie die Vorschufs- und Kreditvereine nach Schultze-Delitsch. Für erstere war die Gründung des »Bayerischen Landesverbandes landwirtschaftlicher Darlehenskassenvereine« ein Ereignis von gröfster Wichtigkeit für die gedeihliche Weiterentwicklung der Institute. Bis zum Jahre 1893, dem Jahre, wo die Gründung des Landesverbandes erfolgte, bestand kein innerer Zusammenhang zwischen den einzelnen Genossenschaften für das ganze Königreich, welche sich vielmehr teilweise schon bestehenden älteren Verbänden anschlossen, teilweise neue, auf den jeweiligen Regierungsbezirk beschränkte Kreisverbände bildeten. So hatten sich die oberbayerischen Vereine zu einem besonderen Anwaltsverband vereinigt und schlossen sich dem von dem Begründer der Darlehenskassen, dem Bürgermeister Friedrich Wilhelm Raiffeisen ins Leben gerufenen Generalanwaltschaftsverband zu Neuwied an. In Schwaben und in der Pfalz entstanden ebenfalls eigene Kreisverbände in den neunziger Jahren, welche sich diesem Generalanwaltschaftsverband unterstellten. Ähnlich ging man in Mittelfranken vor, wo sich die Raiffeisenkassen in zwei Verbände teilten, von denen der eine selbständig verblieb, der andere gleichfalls der Neuwieder Generalanwaltschaft angehörte. Ersterer begründete im Jahre 1886 eine Kredit- und Waarenvermittlungsstelle, welche im Jahre 1895 in die mittelfränkische Kreisdarlehenskasse umgewandelt wurde. Die unterfränkischen Vereine bildeten unter Einwirkung des Kreiscomités des landwirtschaftlichen Vereins für Unterfranken und Aschaffenburg einen eigenen Verband. In Niederbayern, in der Oberpfalz und in Oberfranken kam es vorläufig nicht zur Bildung besonderer Verbände, wie auch in den übrigen Kreisen einzelne Kreditgenossenschaften aufserhalb einer Verbandsorganisation geblieben waren.

Diese Zersplitterung in der Organisation der Darlehenskassenvereine war deren Entwicklung und Ausbreitung hinderlich, indem namentlich auch staatlicherseits die Unterstützung, welche man den einzelnen Verbänden angedeihen liefs, erschwert wurde, ein Zustand, welcher durch das Zustandekommen des Bayerischen Landesverbandes (Sitz in München) als der Gesamtvertretung der Darlehenskassenvereine wesentliche Besserung erfuhr. Durch diese Organisation hat das landwirtschaftliche Kreditgenossenschaftswesen, in so weit es auf Darlehenskassen System Raiffeisen beruht, in Bayern einen festen Mittelpunkt und eine Stütze zur Fortentwicklung erhalten. Nachdem im Jahre 1895 in der Pfalz die Mehrzahl der nicht an Neuwied angeschlossenen ländlichen Spar- und Darlehenskassen einen besonderen Kreisverband konstituiert hat, welcher sich dem Bayerischen Landesverband anschlofs und nachdem ferner mit der im Jahre 1898 vollzogenen Auflösung des unterfränkischen Verbandes die meisten der ihm angehörigen Vereine ebenfalls zum Landesverband übergetreten sind, gehören nunmehr in allen Kreisen die Darlehenskassen ihrer Mehrheit nach dem Landesverbande an. Eine Sonderstellung in der Zahl der Kreisverbände nimmt nur noch der mittelfränkische Verband insofern ein, als er sich zwar dem Landesverband, wegen Aufrechterhaltung seiner besonderen Kreisdarlehenskasse, nicht aber der Centraldarlehenskassa (conf. S. 67) angeschlossen hat.

Der Landesverband, gegründet am 1. Januar 1894[1]), ist eine von den staatlichen Behörden und landwirtschaftlichen Vereinsorganen unabhängige, über das Königreich Bayern sich erstreckende Vereinigung der Darlehenskassen System Raiffeisen, dessen Aufgabe statutenmäfsig festgesetzt ist in der Revision der Geschäfts- und Rechnungsführung (alle zwei Jahre)[2]) der ihm angehörenden Genossenschaften und der Interessenvertretung und Pflege des Genossenschaftswesens. Überdies ist ihm die Unterstützung neu zu begründender Vereine, die Sorge für Herstellung und Ausbildung genossenschaftlicher Einrichtungen, sowie die Vertretung in allen gemeinschaftlichen Angelegenheiten übertragen. Das Recht der Mitgliedschaft können alle landwirtschaftlichen Darlehenskassenvereine erwerben, welche in Bayern ihren Sitz haben und deren Satzungen nicht wesentlich von dem durch den Verband ausgegebenen Musterstatut abweichen. Zur Verbandskasse haben die einzelnen Mitgliedervereine einen jährlichen Beitrag von 5 M. und 10 M. für jedes Revisionsprotokoll als Zuschlag zur Bestreitung der Revisionskosten zu entrichten. Beiläufig sei erwähnt, dafs der Landesverband sich auch mit der Vermittlung von Waarenankauf befafst und auf diesem Gebiet eine nicht unbedeutende Thätigkeit entwickelt hat.

Der Landesverband steht nur mittelbar in Verbindung mit den einzelnen Darlehenskassenvereinen, indem sich als Zwischenglied die Kreisverbände einschieben, welche die besonderen Interessen des jeweiligen Kreises vertreten. Innerhalb eines Kreisverbandes bilden dann die Vereine eines oder mehrerer Distrikte zusammen einen Bezirks- oder Unterverband, dem wiederum die einzelnen Darlehenskassen unterstehen. (Siehe graphische Darstellung S. 64.)

Als Ergänzung zu dem Landesverband landwirtschaftlicher Darlehenskassenvereine wurde gleichzeitig mit diesem die Bayerische Centraldarlehenskasse (Sitz München) als eingetragene Genossen-

---

[1]) »Die Mafsnahmen auf dem Gebiete der landwirtschaftlichen Verwaltung in Bayern« 1897, S. 234.

[2]) Statut des Bayer. Landesverbandes landwirtschaftlicher Central-Darlehenskassenvereine, §§ 14 und 15.

schaft m. b. H. ins Leben gerufen. Ihre Thätigkeit bezweckt, den Geldausgleich unter den Mitgliedern der Genossenschaft (Darlehenskassenvereinen) zu vermitteln und denselben Kredit zu gewähren, sowie müfsig liegende Gelder verzinslich anzulegen. Das Recht der Mitgliedschaft erlangen nur die dem Landesverbande angeschlossenen Genossenschaften und einzelne Personen, welche zu Mitgliedern des Vorstandes oder des Aufsichtsrates der Centralgenossenschaft gewählt sind.[1]) Die Geschäftsanteile in der Höhe von 100 M., wovon $^1/_{10}$ beim Eintritt bezahlt werden mufs, machen die Mitglieder für den Höchstbetrag von 1000 M. haftbar[2]).

Darstellung der Gliederung des Landesverbandes in seine Unterabteilungen.

I. Landesverband mit 1704 Darlehenskassen.

II. 8 Kreisverbände.

III. Bezirksverbände ca. 30

IV. Darlehenskassen und zwar

Oberbayern	Niederbayern	Oberpfalz	Oberfranken	Mittelfranken	Unterfranken	Pfalz	Schwaben
230 Kassen	176 K.	165 K.	69 K.	225 K.	379 K.	169 K.	271 K.

zusammen 1704 Kassen.[3])

Obgleich der Landesverband wie die Centraldarlehenskasse in ihrer Unabhängigkeit von staatlichen Behörden als selbständige Institute zu betrachten sind, hat doch die Kgl. Staatsregierung bald nach ihrer Gründung zur Entfaltung und Erstarkung ihrer Thätigkeit und indirekt der einzelnen Darlehenskassen unterstützend eingegriffen und Zuschüsse gewährt[4]). Das

---

[1]) Statut der Bayer. Centraldarlehenskasse e. G. m. b. H., § 2.

[2]) » » » » » » » » » § 22.

[3]) »Der Stand des landwirtschaftlichen Genossenschaftswesens in Bayern« 1899, S. 14.

[4]) Conf. »Mafsnahmen auf dem Gebiete der landwirtschaftlichen Verwaltung in Bayern«, S. 234.

Die Kammer der Abgeordneten und Reichsräte bewilligten folgende Zuschüsse:

dringende Bedürfnis nach einer Centraldarlehenskasse, welches durch die starke Inanspruchnahme derselben seitens der Vereine aufser Frage gestellt ist, rief eine sehr rasche Entwicklung hervor, so dafs der Zahl von 330 angeschlossenen Vereinen des Jahres 1894 eine solche von 1454 des Jahres 1899 gegenübersteht[1]). Es wurde überdies der Forderung einer dauernden Vermehrung der Betriebsmittel staatlicherseits dadurch entsprochen, dafs der Centraldarlehenskasse ein unverzinslicher Betriebsvorschufs von 100000 M., dann je nach Bedarf ein weiterer mit 3% verzinslicher, jederzeit kündbarer Betriebsvorschufs bis zum Betrage von 1900000 M. gewährt wurde, welcher Betrag im gleichen Jahr zur Auszahlung gelangte. Zur Bestreitung der Verwaltungskosten und im Hinblick auf die gesteigerte Revisionsthätigkeit wurde im Jahre 1898 der jährliche Zuschufs von 25500 M. auf 29000 M. erhöht. Aufser diesen Unterstützungen wurde der Centraldarlehenskasse auch noch dadurch eine staatliche Förderung zu Teil, dafs ihr der Kontokorrentverkehr mit der Königlichen Bank unter besonders günstigen Bedingungen eröffnet wurde, welche ihr — vorbehaltlich halbjähriger Kündigung — einen durch Wertpapiere gedeckten Kredit bis zum Betrage von 1 Million gegen einen Zinsfufs gewährt, welcher 1% unter dem normalen Kontokorrentsatz der Königlichen Bank, mindestens aber 3% beträgt. (Siehe Tabellen S. 67.)

Die ziffermäfsigen Belege zeigen, dafs im Jahre 1896 und 1897 die Geldentnahme der Vereine ihre Einlagen nicht unwesentlich überschritten, was vielleicht seinen Grund in der

1. ein einmaliger Zuschufs von 4000 M. zur Bestreitung der Einrichtungskosten;

2. ein jährlicher Beitrag von 25500 M. zur Deckung der Verwaltungskosten, insbesondere der Kosten der Revision der Vereine;

3. ein unverzinslicher Betriebsvorschufs von 100000 M. an die Centraldarlehenskasse und die Hinterlegung von 100000 M. in bayerischen Staatspapieren bei der Kgl. Bank zur Verstärkung der Deckung, welche die Centraldarlehenskasse für die Eröffnung des Kontokorrentverkehrs mit der Kgl. Bank zu leisten hatte. (§ 16 des Finanzgesetzes vom 11. Juni 1894 für die XII. Finanzperiode 1894 und 1895.)

[1]) »Der Stand des landwirtschaftlichen Genossenschaftswesens in Bayern«, S. 16.

schlechten Ernte des Jahres 1896 finden mag oder auch darin, daſs die Centraldarlehenskasse im Jahre 1896 die Einlagen der Vereine nur mit $3^1/_4$ % verzinste, was diese veranlaſst haben mag,

Übersicht der Geschäftsthätigkeit der Centraldarlehenskasse seit ihrem Bestehen.[1])

	Jahr 1894 M.	Jahr 1896 M.	Jahr 1897 M.	Jahr 1898 M.	Jahr 1899 M.
Von Mitgliedern eingelegt	2 021 848	13 611 505	18 847 598	24 925 336	15 042 841
An Darlehenskassen hinausgegeben	2 472 524	14 849 055	20 429 267	24 734 131	15 089 942
Von Nichtmitgliedern aufgenommen	167 676	806 937	417 069	2 422 094	4 214 595
An Nichtmitglieder ausgeliehen bezw. rückbezahlt	—	1 696 619	1 345 649	2 343 639	4 262 682
Von der Kgl. Bank abgehoben	1 411 535	5 400 814	3 569 498	4 603 140	5 509 550
An die Kgl. Bank abgeliefert	1 208 448	2 541 314	3 590 307	6 705 500	5 282 339
Ausbezahlt an Zinsen an Vereine für Einlagen	25 060	215 277	292 940	318 178	94 594
Eingenommen an Darlehenszinsen v. Vereinen	26 406	242 245	316 063	371 584	160 026
Effektenbesitz der Kasse	—	2 951 686	2 310 012	2 446 981	2 537 858
Gesamtumsatz der Kasse:	7 921 422	40 426 723	52 700 979	68 774 171	54 850 000

Jahr 1896		Jahr 1897		Jahr 1898	
Einlagen	Entnahmen	Einlagen	Entnahmen	Einlagen	Entnahmen
M.	M.	M.	M.	M.	M.
13 611 504	14 849 055	18 857 161	20 429 088	24 925 335	24 734 132

den Überschuſs an Geld bei anderen, höhern Zinsfuſs gewährenden Instituten anzulegen. Der Zinsfuſs im Verkehr mit den Darlehenskassen, der jetzt wieder die Höhe von $3^1/_2$ % erreicht hat, gestaltete sich dermaſsen, daſs sich eine Differenz von $^1/_2$ % für die Darlehen an Kassen gegenüber den Einlagen der Kassen herausgebildet hat.

[1]) »Der Stand des landwirtschaftlichen Genossenschaftswesens in Bayern« 1899, S. 16 und 17. — »Maſsnahmen auf dem Gebiete der landwirtschaftlichen Verwaltung in Bayern« 1897, S. 236.

Es betrug der Zinsfufs: [1])

	für Einlagen der Vereine:	für Darlehen an Vereine:
vom 1. Jan. 1894 an	$3^3/_4$%	$3^3/_4$%
» 1. » 1896 »	$3^1/_2$%	$3^3/_4$%
» 1. April 1897 »	$3^1/_4$%	$3^3/_4$%
» 1. Juli 1897 »	$3^1/_2$%	$3^3/_4$%
» 1. Jan. 1898 »	$3^1/_2$%	4%.

4. Kapitel.

Der mittelfränkische Kreisverband und die dem Neuwieder Generalverband angeschlossenen Vereine. Die verbandlosen Darlehenskassen. Verteilung der Kassen auf das Königreich. Gesamtumsatz derselben.

Von den 2329 im Jahre 1899 bestehenden Darlehenskassen waren 1710 (am 22. Nov. 1899) dem bayerischen Landesverband und der Centraldarlehenskasse unterstellt, während die Minder zahl von 619 sich nur teilweise dem Landesverbande anschlossen, teilweise getrennt von diesem dem Neuwieder Generalverband angehören oder eine selbständige Centralleitung gegründet haben oder verbandlos geblieben sind [2]).

Der mittelfränkische Kreisverband, welcher im Jahre 1899 225 Mitgliedervereine zählte, ist insofern gesondert von den übrigen Kreisverbänden anzuführen als er zwar dem Landesverband angehört, aber bezüglich der Geldvermittelung seine Unabhängigkeit bewahrt hat. Er besitzt seine eigene Geldausgleichstelle in der »mittelfränkischen Kreisdarlehenskasse e. G. m. b. H. in Dittenheim«. Ursprünglich besorgten die Vereine des mittelfränkischen Verbandes den Geldausgleich untereinander und zwar in der Weise, dafs räumlich von einander getrennte Vereine mit einer Zeitung den Vertrag abschlossen, dafs sie gegen Zuweisung der Inserate den Geldnachweis kostenlos inseriere. Wenn ein Verein Geld wollte, schrieb er z. B. Auhausen 500 M.&

[1]) »Verhandlungen der am 23., 24. u. 25. Sept. 1897 in Köln abgehaltenen Generalversammlung des Vereins für Socialpolitik, Leipzig« 1898, S. 171. — »Stand des landwirtschaftlichen Genossenschaftswesens«, S. 17.

[2]) »Der Stand des landwirtschaftlichen Genossenschaftswesens in Bayern« 1899, S. 14.

Hatte der Verein Geld übrig, so schrieb er: Auhausen 1000 M. · Das Fragezeichen war die Bitte um Hilfe, der Punkt bedeutete die Offerte[1]).

Nach diesen primitiven Versuchen eines Geldausgleiches trat der Kreisverband in Kontokorrentverkehr mit der Kgl. Bank bezw. mit der Bayer. Notenbank in München, bis im Jahre 1895 die Kreisdarlehenskasse ins Leben trat. Die Entwicklung dieser Kreditvermittelungsstelle war eine verhältnismäfsig rasche, so dafs sich im November des Jahres 1899 203 Vereine ihr angeschlossen hatten. Ihre Geschäftsthätigkeit von 1895—1898 ist aus folgenden Ziffern ersichtlich[2]):

	Jahr 1895 M.	Jahr 1896 M.	Jahr 1897 M.	Jahr 1898 M.
Darlehen an Vereine .	447 031	1 059 581	1 552 975	2 008 566
Guthaben der Vereine	1 620 730	2 210 647	2 519 515	3 296 797
Schuld bei der Bayer. Notenbank bezw. Reichsbank und Kgl. Hauptbank	915 000	1 700 000	2 570 000	2 450 000
Gesamtumsatz:	13 553 308	15 415 150	16 195 286	21 907 623

Der Zinsfufs, zu welchem die Kreisdarlehenskasse Geld annimmt, bezw. verleiht, ist etwas abweichend von dem der Centraldarlehenskasse, indem für Einlagen $3\,{}^6/_{10}$ % (Centraldarlehenskasse $3\,{}^1/_2$ %), für Darlehen $3\,{}^9/_{10}$ % (Centraldarlehenskasse 4 %) in Anrechnung gebracht werden. Ihre Wirksamkeit wurde wesentlich durch die Kgl. Bank und die Bayerische Notenbank — Filiale Nürnberg — gehoben, insofern erstere dem Institut im Kontokorrentverkehr für Vorschüsse bis zu 500 000 M. einen Zinsfufs von 1 % unter dem normalen Kontokorrentsatz der Kgl. Bank gewährte. Die Bayerische Notenbank bewilligte gleichfalls Vergünstigungen im Kontokorrentverkehr sowie in Bezug auf Wechsel- und Lombardkredit.[3])

[1]) Conf. »Verhandlungen des Vereins für Socialpolitik«, Leipzig 1898, S. 167.

[2]) »Die Mafsnahmen auf dem Gebiete der landwirtschaftlichen Verwaltung in Bayern 1890—97«, S. 237. — »Der Stand des landwirtschaftlichen Genossenschaftswesens in Bayern 1899«, S. 18.

[3]) »Mafsnahmen auf dem Gebiete der landwirtschaftlichen Verwaltung in Bayern 1897«, S. 236. — »Der Stand des landwirtschaftlichen Genossenschaftswesens in Bayern 1899«, S. 18.

Eine weitere Gruppe von Darlehenskassen stehen ganz aufser Beziehung mit dem Bayerischen Landesverband und hat sich dem Generalverband ländlicher Genossenschaften für Deutschland in Neuwied angeschlossen. Für sie als Genossenschaften des rechtsrheinischen Bayern wurde im Jahre 1893 (19. Juli) ein besonderer Bayerischer Landesverband gegründet, dessen Sitz in Mittelfranken — Nürnberg — ist, verbunden mit einer Filiale der landwirtschaftlichen Centraldarlehenskasse für Deutschland in Neuwied. Als Zweig des Deutschen Generalverbandes untersteht dieser Bayerische Verband den Satzungen desselben, denen zufolge eingetragene Spar- und Darlehenskassenvereine System Raiffeisen mit unbeschränkter Haft- oder Nachschufspflicht und andere eingetragene Genossenschaften, soweit sie die wirtschaftliche Lage ihrer Mitglieder zu verbessern bestrebt sind, wie Winzer-, Molkerei-, Kornhausgenossenschaften u. a. aufgenommen werden. Im rechtsrheinischen Bayern betrug die Zahl der dem Deutschen Generalverband angehörenden Genossenschaften

im Jahre 1896: 207,
» » 1898: 279.[1])

Die Aufgaben des Verbandes gestalten sich im allgemeinen in gleicher Weise, wie die des Bayerischen Landesverbandes, wobei die Revision der Vereine in ihrer Geschäftsführung (mindestens alle 2 Jahre) den Schwerpunkt bildet. Den Geldausgleich der Vereine vertritt die Filiale der landwirtschaftlichen Centraldarlehenskasse Neuwied, deren Geschäftsergebnis folgende Tabelle wiedergibt[2]):

[1]) Auf die Kreise verteilt, ergibt sich folgendes Bild: (»Der Stand des landwirtschaftlichen Genossenschaftswesens 1899«, S. 19.)

Oberbayern	15	Vereine mit	701	Mitgliedern,
Niederbayern	1	» »	58	»
Oberpfalz	12	» »	941	»
Oberfranken	59	» »	3 869	»
Mittelfranken	94	» »	5 728	»
Unterfranken	44	» »	3 421	»
Schwaben	54	» »	4 265	»

[2]) Conf. »Mafsnahmen auf dem Gebiete der landwirtschaftlichen Verwaltung in Bayern 1897«, S. 239. — »Stand des landwirtschaftlichen Genossenschaftswesens in Bayern«, S. 20 und 21.

Jahr	Zahl der Vereine	Zahl der Geschäftsanteile	Betrag der hierauf geleisteten Einzahlungen	Guthaben der Vereine	Darlehen an Vereine
1894	226	290	159 200	—	—
1895	234	298	161 450	1 003 296	523 658
1896	252	447	201 200	878 841	1 071 940
1897	277	489	210 700	975 037	1 603 230
1898	314	533	222 850	1 388 034	2 299 718

Jahr	Bezahlte Zinsen für Einlagen	Eingenommene Zinsen für Darlehen	Gesamtumsatz
1894	—	—	—
1895	25 445	25 857	1 910 685
1896	35 003	28 260	5 653 248
1897	30 043	46 544	6 513 522
1898	40 720	80 493	9 796 879

Der Zinsfufs, zu welchem das Institut Einlagen der Mitgliedervereine annimmt, beträgt $3^3/_4$ %, d. i. um $^1/_4$ % mehr als der Bayerischen Centraldarlehenskasse. (Jahr 1895 — $3^1/_3$ %; Jahr 1896/97 — $3^1/_2$ %; Jahr 1898 — $3^3/_4$ %.) Für die Darlehen aus der Kasse wird an Zins $4^1/_2$ % genommen, wobei von jeher eine Provision von $^1/_{10}$ % in Anrechnung gebracht wird. (1895 — $3^1/_2$ %; später $3^3/_4$ %; Jahr 1897 — $3^9/_{10}$ % und noch im gleichen Jahr $4^1/_2$ %; Jahr 1899 — $4^1/_2$ %.)[1])

Im linksrheinischen Bayern, d. i. die Pfalz, ist ein Teil der Darlehenskassen in der »Anwaltschaft ländlicher Genossenschaften (System Raiffeisen) für die Rheinpfalz« vereinigt und dem Neuwieder Verbandsbezirk angehörig. Für die Anwaltschaft besteht eine Centralkasse als Filiale der Landwirtschaftlichen Centraldarlehenskasse in Neuwied. (Sitz Ludwigshafen.) Der Anwaltsverband umfafste:

im Jahre 1896: 129 Vereine mit 10 975 Mitgliedern[2]),
» » 1897: 144 » » 16 400 »
» » 1898: 160 » » 16 630 »

[1]) »Verhandlungen des Vereins für Socialpolitik« Leipzig 1898, S. 171 ff. — »Stand des landwirtschaftlichen Genossenschaftswesens in Bayern« 1899, S. 21.

[2]) »Mafsnahmen auf dem Gebiete der landwirtschaftlichen Verwaltung in Bayern«, S. 240.

Ein zweiter geringerer Teil der Darlehenskassen hat sich in dem im Jahre 1898 neu gebildeten »pfälzischen Genossenschaftsverband für Geld- und Warenverkehr« e. G. m. b. H. vereinigt, dem im Jahre 1899 23 Kassen mit 2300 Mitgliedern angehörten.

Es erübrigt nun noch derjenigen Darlehenskassen zu gedenken, welche sich keinem der vorbezeichneten Verbände unterstellt haben, sondern unabhängig voneinander ihre Zwecke zu erreichen suchen. Die Zahl dieser Genossenschaften in der Höhe von 163 mufs als relativ grofs erscheinen, nachdem in allen Teilen Bayerns Verbände bestehen, so dafs es ihnen nicht an Gelegenheit fehlte, sich einem Verband anschliefsen zu können.

Die verbandlosen Vereine verteilen sich auf die Kreise wie folgt:

Oberbayern	20	Vereine	mit	1024	Mitgliedern,
Niederbayern	12	»	»	363	»
Pfalz	4	»	»	105	»
Oberpfalz	16	»	»	717	»
Oberfranken	19	»	»	1677	»
Mittelfranken	24	»	»	3809	»
Unterfranken	32	»	»	2135	»
Schwaben	36	»	»	1880	»
Königreich:	163	Vereine	mit	11 610	Mitgliedern.

(»Der Stand des landwirtschaftlichen Genossenschaftswesens in Bayern 1899«, S. 22.)

Die Verteilung sämtlicher Darlehenskassen auf die einzelnen Bezirke des Königreichs Bayern hängt naturgemäfs wieder mit dem Gröfsenverhältnis der Wirtschaftsbetriebe zusammen, so dafs in Gegenden, wo der Kleinbetrieb vorherrscht, die Zahl der Vereine zunimmt, im entgegengesetzten Fall sich vermindert. Um die wirtschaftliche Bedeutung der Raiffeisenschen Darlehenskassen besser würdigen zu können, ist deshalb ein Vergleich zwischen der Zahl der Vereine, der Zahl der landwirtschaftlichen Betriebe und der ortsanwesenden Bevölkerung von grofsem Interesse. Dieser Vergleich führt zu dem Resultat, dafs in Bayern durchschnittlich auf 1 Darlehenskasse 285 Betriebe mit 1864,1 ha landwirtschaftlich benutzter Fläche und 2498 Einwohnern treffen.

Die Zahlen sind je nach den wirtschaftlichen Verhältnissen der Kreise verschieden und auf die einzelnen Regierungsbezirke folgendermafsen verteilt:

Auf eine Kasse treffen:[1])

Regierungs-bezirk	Einwohner		Betriebe		landwirtschaftlich benutzte Fläche in ha	
	1896	1899	1896	1899	1896	1899
Oberbayern . .	6 558	4 479	5,10	3,48	5 128	3 502
Niederbayern . .	5 026	3 564	6,15	4,36	5 101	3 616
Pfalz	2 000	1 672	2,77	2,31	810	678
Oberpfalz . . .	4 839	2 833	5,70	3,34	4 498	2 638
Oberfranken . .	5 186	3 509	6,23	4,22	3 545	2 399
Mittelfranken . .	2 880	2 149	2,71	2,02	1 729	1 290
Unterfranken . .	1 647	1 390	2,50	2,11	1 208	1 019
Schwaben . . .	4 477	2 662	5,39	3,20	3 919	2 330

Von den 8 Regierungsbezirken nimmt die Rheinpfalz, was kleinbäuerlichen Besitz und damit gröſste Entfaltung Raiffeisenscher Darlehenskassen anlangt, die erste Stelle ein. Die Betriebe mit landwirtschaftlich benutzter Grundfläche von 1—20 ha betragen hier 99,01 %. Sodann folgt Unterfranken (Betriebe von 1—20 ha 97,91 %). Die übrigen Kreise stufen sich je nach der gröfseren oder geringeren Zahl von Kleinbetrieben mit Zu- oder Abnahme der Anzahl von Darlehenskassen ab. Mit der Zugrundelegung der gesamten Bevölkerung Bayerns unterläuft dadurch, dafs in manchen Kreisen eine gröfsere Städtezahl vorherrscht, während sie in anderen Kreisen in den Hintergrund tritt, eine Ungenauigkeit bei der Frage, wie viele Einwohner bezw. mittelbare Gemeinden auf eine ländliche Darlehenskasse treffen und eine diesbezügliche Untersuchung hat ergeben, dafs in der Rheinpfalz unter Weglassung der 11 gröfseren Städte bereits zwei Kassen auf drei Gemeinden fallen, in Oberfranken hingegen noch nahezu 5 von 5,9 Gemeinden ohne Darlehenskasse sind. In der Pfalz und in Unterfranken entspricht schon einer Bevölkerung von

[1]) »Der Stand des landwirtschaftlichen Genossenschaftswesens in Bayern 1899«, S. 8.

nicht ganz 1200 Köpfen ein Darlehenskassenverein, in Niederbayern dagegen kommt durchschnittlich erst auf eine solche von rund 3200 ein Verein. Ein genaues Bild hiervon gibt untenstehende Tabelle.[1])

Entsprechend der grofsen Verbreitung und raschen Entwicklung der Raiffeisenkassen in Bayern hat ihr Geldgeschäftsverkehr in erheblichem Mafse zugenommen und damit ist der sicherste Beweis geliefert, welche wichtige Aufgabe einerseits die Kreditvereine bei Befriedigung des Personalkreditbedürfnisses zu erfüllen haben, anderseits ein wie dringendes Geldbedürfnis der kleinen ländlichen Bevölkerung sich geltend macht. Um überdies auf die Unterdrückung des Wuchertums hinzuweisen, möge der nachstehende Gesamtumsatz der Vereine zeigen, welche Summen von ihnen absorbiert werden, während es aufser Zweifel steht, dafs bei dem Mangel an genossenschaftlichen Kreditorganisationen das grofse Kreditbedürfnis nicht zum geringsten Teil von Privatgeldverleihern befriedigt würde.

Der Gesamtumsatz der Vereine belief sich auf:

Jahr 1896: 195164357 M.,
Jahr 1898: 217198390 »

[1]) »Der Stand des landwirtschaftlichen Genossenschaftswesens in Bayern 1899«, S. 8.

Auf eine Darlehenskasse treffen:

	Mittelbare Gemeinden		Einwohner in den Bezirksämtern	
	Jahr 1896	Jahr 1899	Jahr 1896	Jahr 1899
Oberbayern	6,8	4,6	3 903	2 866
Niederbayern	7,1	5,0	4 541	3 224
Pfalz	1,8	1,5	1 428	1 194
Oberpfalz	9,6	5,6	4 256	2 492
Oberfranken	8,7	5,9	4 205	2 845
Mittelfranken	4,0	2,9	1 750	1 306
Unterfranken	2,6	2,2	1 364	1 152
Schwaben	6,5	3,9	3 367	2 002
Königreich:	4,6	3,4	2 607	1 930

Nicht inbegriffen sind dabei die verbandlosen Kassen, bei denen diesbezügliche Angaben nicht zu eruieren sind.[1])

Die einzelnen Posten sind in nachfolgender Höhe vertreten:

	Jahr 1896 M.	Jahr 1898 M.
Höhe der Darlehen an Mitglieder . .	54 874 313	78 241 814
» » Anlehen von Mitgliedern . .	28 968 763	36 971 429
» » » » Nichtmitgliedern einschl. Centralkassen	20 488 817	29 394 350
Spareinlagen	22 228 944	34 797 418

Die Zinsberechnung seitens der einzelnen Kassen für Darlehen reguliert sich naturgemäfs nach der Höhe des Zinsfufses, zu welchem sie selbst Gelder übernahmen. Danach sind Schwankungen der einzelnen Zinssätze wahrzunehmen, die sich jedoch in engen Grenzen und zwar um das durchschnittliche Mittel von 4,38 % mit eingerechneter Provision bewegen.

5. Kapitel.

Die Schultze-Delitzsch'schen Volksbanken als Träger des ländlichen Personalkredits. Ihre Vermehrung in den letzten Jahren. Die drei Schultze-Delitzsch'schen Genossenschaftsverbände und deren Wirksamkeit.

Von ungleich geringerer Bedeutung für den ländlichen Personalkredit sind die Vorschufs- und Kreditvereine nach Schultze-Delitzsch. Diese Thatsache ist hauptsächlich darauf zurückzuführen, dafs die Schultze-Delitzsch'schen Genossenschaften grundsätzlich kurzfristigen Wechselkredit streng nach kaufmännischen Grundsätzen gewähren, daher ihre Thätigkeit vorzugsweise auf gewerblichem Gebiete liegt. Immerhin sind jedoch die Vorschufsvereine nach Schultze-Delitzsch in Bayern auch als Quellen des ländlichen Personalkredits vertreten und zwar vornehmlich überall da, wo das landwirtschaftliche mit dem gewerblichen Element vereinigt auftritt, wenn auch ihre Zahl im Vergleich zu den Raiffeisenschen Darlehenskassen bedeutend reduziert ist. (Conf. Tab. S. 58 u. 59.)

[1]) Statist. Jahrb. für das Königr. Bayern 1899, S. 125.

Als die ältesten der Schultze-Delitzsch'schen Kreditassociationen in Bayern sind die im Jahre 1862 ins Leben gerufene Münchener Industriebank und der Kreditverein zu Traunstein zu nennen. Das Jahr 1899 weist einen Bestand von 104 Kreditgenossenschaften mit 64000 Mitgliedern auf, dem ein solcher von rund 2300 Raiffeisenvereinen mit 160000 Mitgliedern gegenübersteht. Die statistischen Belege liefern den Nachweis, dafs der jährliche Zuwachs an neugegründeten Vorschufsvereinen ein sehr geringer ist, sich jedenfalls aber am merklichsten in allen jenen Bezirken wahrnehmen läfst, wo einesteils der landwirtschaftliche Kleinbetrieb in den Vordergrund tritt, anderenteils mit ihm gewerbliche Thätigkeit verbunden ist, — Viehzucht und Handel in Franken, kleine Brennereien, Handelsgärtnerei in der Rheinpfalz u. s. w.

Ein genaues Bild von dem Zuwachs an Vorschufsvereinen innerhalb der Jahre 1896 und 1899 liefert nachstehende Tabelle (statist. Jahrb. für das Königr. Bayern, 1899, S. 124. — »Stand des landw. Genossenschaftsw. in Bayern«, 1899, S. 24.):

	Jahr 1896		Jahr 1899	
	Genossenschaften	Mitglieder	Genossenschaften	Mitglieder
Oberbayern	4	3 519	10	11 855
Niederbayern	1	87	1	81
Pfalz	26	13 400	26	14 283
Oberpfalz	2	390	4	619
Oberfranken	15	4 623	12	3 966
Mittelfranken	8	7 848	12	13 007
Unterfranken	17	4 040	30	5 835
Schwaben	6	13 514	9	14 799
	79	47 421	104	64 445

Von den bestehenden 104 Genossenschaften entfallen 35 auf unmittelbare Städte, die übrigen 69 verteilen sich auf die Bezirksämter, so zwar, dafs durchschnittlich auf 4,4 Bezirksämter 1 Vorschufsverein fällt. Wenn nun auch die Kreditgenossenschaften, welche den Bezirksämtern angehören, in der Mehrzahl auftreten, so gewinnen die städtischen Genossenschaften, welche in der Minderzahl vertreten sind, eine relativ gröfsere Bedeutung wenn man die Mitgliederzahl der ländlichen und städtischen Vorschufsvereine in Vergleich zieht. Für das ganze Königreich stellt sich das Verhältnis so, dafs die 35 in unmittelbaren Städten befindlichen Genossenschaften rund 47000 Mitglieder zählen, während die 69 auf Bezirksämter entfallenden nur eine Mitgliederzahl von 26000 Köpfen aufweisen. Es scheint damit gleichzeitig der Beweis erbracht zu sein, dafs die Kreditassociationen nach Schulze-Delitzsch in ungleich höherem Mafse von der städtischen Bevölkerung frequentiert werden als von der ländlichen. Eine diesbezügliche Erhebung bei 68 Vereinen, welche Genossenschaftsverbänden angehören, hat gezeigt, dafs von den rund 46000 Mitgliedern 18000 oder etwa 40 % als Landwirte im Haupt- oder Nebenberuf bezeichnet werden können.

Ebenso wie die Raiffeisenkassen haben sich auch die Schultze-Delitzsch'schen Vereine ihrer Mehrzahl nach in 3 gröfsere Verbände vereinigt. Es sind dies: der Bayerische Genossenschaftsverband mit dem Sitz der Leitung in München, der Verband der fränkischen Kreditgenossenschaften (Miltenberg), der Verband pfälzischer Kreditgenossenschaften (Speier). Der Zweck und die Aufgabe dieser Verbände liegt im wesentlichen in der Kontrolle der Vereine, der Revision der Geschäfts- und Rechnungsführung und in der Vertretung bei allen gemeinschaftlichen Angelegenheiten, also ähnlich den Verbänden der Raiffeisenkassen. Diese drei Verbände ihrerseits unterstehen wieder dem im Jahre 1859 gegründeten »allgemeinen Verband der auf Selbsthilfe beruhenden deutschen Erwerbs- und Wirtschaftsgenossenschaften«. Eine Central-Kreditanstalt nach dem Vorbild der Central-Darlehenskasse für die Raiffeisenvereine besteht in Bayern für die Schultze-Delitzschschen Genossenschaften nicht.

Was die Genossenschaftsverbände im einzelnen anlangt, so unterscheidet sich der Bayerische Verband, begründet unter persönlicher Mitwirkung von Schultze-Delitzsch (4. Juni 1877) von den beiden andern lediglich darin, dafs er Genossenschaften verschiedener Kreise als Mitglieder in sich vereinigt, während der Verband fränkischer wie pfälzischer Genossenschaften nur aus Vorschufsvereinen besteht, welche nicht aufserhalb der Kreise Franken und Pfalz ihre Thätigkeit entfaltet haben. Nach der Statistik vom Jahre 1899[1]) gehörten dem bayerischen Genossenschaftsverband 13 Kredit- und Vorschufsvereine mit 17 665 Mitgliedern an, von welch letzteren etwas mehr als die Hälfte (9172) als Landwirte im Haupt- oder Nebenberuf bezeichnet werden. Am stärksten scheint die Beteiligung der Landwirte an den Schultze-Delitzschschen Kreditassociationen in Schwaben zu sein, wo speciell der Augsburger Kreditverein 7744 Landwirte bei einem Gesamtmitgliederstand von 12365 Köpfen zeigt.

Die gewährten Darlehen erreichten insgesamt Ende des Jahres 1898 die Höhe von 3960352 M., abgesehen vom Kontokorrentverkehr, wobei eine Berechtigung zu der Annahme vorliegt, dafs die Mehrzahl der Darlehen entsprechend der Mehrzahl der Landwirte als Genossenschaftsmitglieder — also etwa 2 Mill. M. — der ländlichen Bevölkerung zu gute gekommen ist.

Der Verband fränkischer Kreditgenossenschaften besteht bereits seit dem Jahre 1868 und vereinigt zur Zeit die gröfste Anzahl von Vereinen, nämlich 30 mit rund 15000 Mitgliedern in sich, wovon jedoch nur 4600 als Landwirte im Haupt- oder Nebenberuf entfallen. Die landwirtschaftlich bedeutendste Genossenschaft ist der Kreditverein für Mittelfranken (Ansbach), der unter 4800 Mitgliedern 1800 Landwirte aufweist.

Die Gesamtdarlehenshöhe der dem Verband angeschlossenen Genossenschaften betrug rund 3 Mill. M. (2999852 M. Jahresber. 1898.)

Es verbleibt schliefslich noch der Verband pfälzischer Kreditvereine, welcher 25 Genossenschaften mit 14171 Mitgliedern, davon 4887 Landwirte im Haupt- oder Nebenberuf umfafst. Nur bei diesem Verband finden sich Nachweise darüber, inwieweit die Thätigkeit der einzelnen Genossenschaften sich auf landwirtschaftliche Betriebe erstreckt hat. Die Kreditgewährung vollzieht sich hauptsächlich im Kontokorrentverkehr und lauten darüber die Angaben:

---

[1]) »Der Stand des landwirtschaftlichen Genossenschaftswesens in Bayern 1899«, S. 23.

		M.
Jahr 1898 1. I.:	Schuld der Mitglieder (Landwirte) an die Vereine	6 121 042
	Guthaben » » » bei den Vereinen	2 984 192
Jahr 1899 1. I.:	Schuld » » » an die Vereine	6 830 831
	Guthaben » » » bei den Vereinen	3 171 542

(»Der Stand des landwirtschaftlichen Genossenschaftswesens in Bayern 1899«, S. 26 und 27.)

Als letzte, ebenfalls für sich abgeschlossene Gruppe figurieren in der Reihe der Genossenschaften diejenigen Kreditassociationen, welche sich keinem der bestehenden Verbände angeschlossen haben und in der Zahl von 36 Vereinen mit 17560 Mitgliedern figurieren. Über die Geschäftsthätigkeit dieser Institute fehlen die weiteren Nachweise, und es ist blofs zu konstatieren, auf welche Kreise sich die einzelnen verteilen.[1])

Zur Beurteilung der Wirksamkeit der in Bayern befindlichen Schultze-Delitzsch'schen Kreditgenossenschaften mag ein Bild von deren Geschäftsthätigkeit nachfolgende, für das Jahr 1898 gültige Tabelle gewähren. Es sind hierbei die den drei vorbezeichneten Verbänden angehörigen Associationen nebeneinander gestellt, während die verbandlosen Genossenschaften, bei denen nähere Anhaltspunkte über deren Geldgeschäfte fehlen, aufser Betracht gelassen sind.[2]) (Siehe Tabelle S. 79.)

Der Zinsfufs, den die einzelnen Genossenschaften für ausgeliehene Gelder berechnen, stellt sich im allgemeinen um einiges höher wie bei den Darlehenskassen nach Raiffeisen, indem er zwischen $4\frac{1}{2}\%$ und $5\frac{1}{3}\%$ mit eingerechneter Provision variiert.

Die runde Höhe des Umsatzes im Jahre 1898 beträgt bei allen an Verbände angeschlossenen Genossenschaften 112 Mill. M.

[1])

Oberbayern	7	Genossenschaften
Niederbayern	—	»
Pfalz	1	»
Oberpfalz	3	»
Oberfranken	4	»
Mittelfranken	4	»
Unterfranken	14	»
Schwaben	3	»

[2]) »Der Stand des landwirtschaftlichen Genossenschaftswesens in Bayern«, S. 26 und 27.

Inwieweit an dieser Summe die ländliche Bevölkerung beteiligt war, ist mit genauen Ziffern nicht festzustellen. Hingegen bietet einigen Anhalt die Beteiligung der Landwirte im Haupt- und Nebenberuf an den Kreditassociationen, welche 40 % von der Gesamtmitgliederzahl beträgt und dementsprechend mit 48 Millionen an dem Gesamtumsatz participieren müfste. Daraus würde sich der Schlufs ziehen lassen, dafs in Bayern die Schultze-Delitzsch'schen Kreditgenossenschaften immerhin in nicht unterschätzenswerter Weise als Kreditquellen für die ländliche Bevölkerung wirken, wenn sie auch mit der Entfaltung und Thätigkeit der Raiffeisenschen Darlehenskassen einen Vergleich nicht aushalten. In Bayern stellt sich das Verhältnis durchschnittlich so, dafs auf den Wirkungskreis von 22,4 Raiffeisenkassen 1 Kreditgenossenschaft nach Schultze-Delitzsch trifft.

	Anzahl der Vereine	Mitgliederzahl		Umsatz im Jahre 1898	Darlehen an Mitglieder	Anlehen von Mitgliedern und Nichtmitgliedern	Jahresgewinn	Jahresverlust
		Im allgemeinen	Landwirte					
1. Bayerischer Genossenschaftsverband	13	17 665	9 172	60 000 000	7 000 000	7 700 000	376 104	3 700
2. Verband der fränkischen Kreditgenossenschaften	30	15 049	4 637	28 000 000	7 500 000	10 200 000	215 524	11 894
3. Pfälzischer Genossenschaftsverband	25	14 171	4 887	24 000 000	30 000 000	27 000 000	472 634	6 586

6. Kapitel.

Die Übernahme von Güterzielern als bemerkenswerter Geschäftszweig der Kreditgenossenschaften.

Hat es die bisherige Darstellung versucht, die Entwicklung und den augenblicklichen Stand der Personalkreditinstitute, soweit sie auf genossenschaftlichen Prinzipien basieren, darzustellen, so wird es noch von Interesse sein, auf einen Geschäftszweig hinzuweisen, welcher die Kreditassociationen, namentlich die Raiffeisenkassen charakterisiert und wodurch sie der gesamten ländlichen Bevölkerung eine kräftige Stütze bieten. Es ist das die Übernahme von Güterzielern (Verkaufsprotokollen, Kaufschillingen, Steigerungsgeldern, Restkaufschillingen), allgemein Cessionsgeschäften.[1] Diese Frage gewinnt an Bedeutung um so mehr, je gröſser die Bodenzersplitterung eines Landes, wie dies vorzugsweise im nordwestlichen Teil von Bayern der Fall.

Viele Personen, welche ihr Grundeigentum verkaufen wollen, versteigern dasselbe und gewähren dabei den Käufern Zahlungsfristen, die sich über mehrere Jahre erstrecken. Der Käufer ist also nicht gebunden, sofort zu zahlen, muſs aber dafür einen oder mehrere Bürgen stellen und die Kaufsumme mit 5 % verzinsen. Will der Verkäufer sofort in den Genuſs der Kaufgelder kommen, so sucht er sich einen Dritten, dem er die Forderung cediert. Der Cedent d. i. derjenige, welcher die ihm zustehende Forderung gegen den Schuldner abgetreten hat, muſs sich dabei wegen des abgewälzten Risikos und für die sofort ausbezahlte Summe einen Abzug gefallen lassen und darin liegt für den Cessionär der Profit. In früheren Zeiten intervenierten hier städtische Kapitalisten, die hohe Provisionen nahmen. In armen Gegenden und zu schlechten Zeiten, wenn weniger Nachfrage war und die besten Kaufgelder zu billigen Preisen zu erstehen waren, befand sich dieser Handel vielfach in den Händen von Wucherern. Dem arbeiteten nun die ländlichen Kreditanstalten mit Erfolg entgegen, so namentlich die Darlehenskassen nach Raiffeisen. Damit, daſs sie die Versteigerungsprotokolle gegen mäſsigen Rabatt an sich bringen, leisten sie dem Käufer wie Verkäufer einen wesentlichen Dienst, ersterem, indem sie ihm mäſsige Abzahlungsbedingungen stellen und dem Wuchertum Grenzen setzen, letzterem, indem sie mit einem geringen Nachlaſs Vorlieb nehmen.

---

[1]) Conf. »Verhandlungen des Vereins für Socialpolitik«, Leipzig 1898, S. 144 ff.

Die Statistik (»Der Stand des landwirtschaftlichen Genossenschaftswesens in Bayern 1899«, S. 11 und 27) liefert hierzu folgendes Bild:

Raiffeisen	Zielfristen	
	erworben im Jahre 1898	Gesamtstand ders. Ende 1898
	M.	M.
1. Bayer. Landesverband landwirtschaftl. Darlehenskassenvereine	2 841 394	8 377 088
2. Die dem Generalanwaltschaftsverband ländl. Genossenschaften zu Neuwied angeschlossenen Vereine	52 458	110 308
3. Sonstige Darlehenskassen (Pfalz)	664 947	1 526 943
Königreich:	3 558 799	10 014 339

Schultze-Delitzsch	Zielfristen	
	erworben im Jahre 1898	Gesamtstand ders. Ende 1898
	M.	M.
1. Bayer. Genossenschaftsverband	—	—
2. Verband der fränkischen Kreditgenossenschaft . .	—	—
3. Pfälz. Genossenschaftsverband	244 385	775 848
Königreich:	244 385	775 848

7. Kapitel.

Die Sparkassen, Hilfskassen und Stiftungen als Quellen des ländlichen Personalkredits.

Abgesondert von den genossenschaftlichen Kreditorganisationen bieten eine weitere Quelle für den ländlichen Personalkredit in Bayern, wenn auch in bedeutend geringerem Mafse, die Sparkassen, Hilfskassen und Stiftungen. Während die Gemeinden und Stiftungen nur in besonderen Fällen mit Genehmigung der Aufsichtsbehörde Personalkredit gewähren dürfen, ist den Sparkassen der Gemeinden und Distrikte verordnungsmäfsig die Ausleihung ihrer Gelder gegen Privatschuldschein mit Bürgschaft gestattet. Es ist jedoch in dem Statut darauf aufmerksam gemacht, dafs diese Art der Geldanlage für Sparkassen mit grofsem Einlagekapital und weiter räumlicher Ausdehnung weniger geeignet sein wird als für solche, welche, wie die meisten Sparkassen im Regierungsbezirk der Pfalz, den Geschäftsbetrieb auf ihre Gemeinde und deren nächste Umgebung beschränken.

Von den 355 Sparkassen des ganzen Königreiches (distriktive 152 — gemeindliche 183) mit einem Einlagekapital von rund 284 Mill. M. (Statist. Jahrb. für das Königr. Bayern 1899 S. 144) waren im ganzen 10 770 892 M. »in anderer Weise« als in Hypotheken, Staats- und Kommunalpapieren u. s. w. angelegt, wobei die Vermutung naheliegt, dafs die Anlagen »in anderer Weise« identisch sein werden mit Bürgschaftsdarlehen auf Privatschuldscheine. Eine im Jahre 1893 veranstaltete Probeerhebung[1]) über die Ausdehnung der Sparkassendarlehen mit Bürgschaft hat ergeben, dafs solche bei den Sparkassen Oberbayerns und den Sparkassen der unmittelbaren Städte Mittelfrankens nur ganz vereinzelt vorkommen, dafs dagegen in den meisten andern mittelfränkischen Gemeinden die neben Hypotheken- und Wertpapieren vorhandenen Anlagen ganz oder doch zum gröfsten Teil aus Bürgschaftsdarlehen bestehen. Wie weit die ländliche Bevölkerung hieran beteiligt ist, ist mit Zahlen nicht zu belegen. Die Wahrnehmung jedoch, dafs diese Darlehen in ländlichen Gemeinden verhältnismäfsig zahlreich sind, berechtigt zur Vermutung, dafs der bei weitem gröfste Teil der Bürgschaftsdarlehen an Landwirte gewährt ist.

Eine letzte Gruppe von Personalkreditinstituten stellen die Hilfskassen — Kreis- und Distriktshilfskassen — dar. Erstere sind als die ältesten bestehenden Institute, von denen Kredit auch ohne Bestellung von Hypotheken gewährt wurde, seit 1828, dem Jahre, in welchem König Ludwig I. in jedem der acht Kreise

---

[1]) »Die Mafsnahmen auf dem Gebiete der landwirtschaftlichen Verwaltung in Bayern 1890—97«, S. 249.

des Königreiches durch Dotation aus eigenen Mitteln Kreishilfskassen begründete, wirksam. Die Grenzen bei Kreditgewährungen sind für sie erheblich weiter gezogen wie bei den Sparkassen; doch ist ihre Thätigkeit in dieser Richtung wegen der relativ geringen Höhe des Vermögens als eine beschränkte anzusehen.

Mit den eben genannten Kreis- und Distriktshilfskassen schliefst die Reihe der Personalkreditinstitute in Bayern. Aus der gegebenen Darstellung glauben wir den Schlufs ziehen zu dürfen, dafs die Kreditassociationen allen übrigen Anstalten, welche ländlichen Personalkredit gewähren, bei weitem den Rang abgelaufen haben, und dafs ihre weitere Fortentwicklung und Erstarkung auf das Engste mit den Interessen der Landwirtschaft in Bayern zusammenhängt.

Schlufs.

Abschliefsende Betrachtungen.

In der Einleitung unserer Abhandlung wurde bereits darauf hingewiesen, dafs die Verhältnisse des landwirtschaftlichen Kredits von jeher mit Recht als hochwichtig und bedeutsam für den Zustand und das Gedeihen der Landwirtschaft bezeichnet worden sind. Heutzutage kann man füglich behaupten, dafs die Grundbedingungen zu einer blühenden Entwicklung des landwirtschaftlichen Betriebes, die Grundlagen des landwirtschaftlichen Unternehmens zum gröfsten Teil auf dem Kreditwesen basieren.

Ohne nun auf diese Seite der Frage weiter einzugehen, betrachten wir es zum Schlufs noch als unsere Aufgabe, in Kürze die bayerischen Kreditverhältnisse den herrschenden norddeutschen (Preufsen) gegenüberzustellen. Beginnend mit der Entwicklung der Organisation des landwirtschaftlichen Kreditwesens hat Bayern hierbei, was bereits früher angedeutet wurde (conf. S. 3 ff.), andere Wege eingeschlagen als Preufsen. Hier treten uns seit mehr als einem Jahrhundert die zu Gunsten des ererbten Familienbesitzes auf dem Prinzip der Selbsthilfe und der Generalgarantie der Kreditbedürftigen als öffentlich rechtliche Anstalten arbeitenden Landschaften, dort die Aktiengesellschaften, deren älteste — die Hypothek- und Wechselbank — erst seit 65 Jahren wirksam ist, entgegen. Die eben genannte Anstalt, welche wohl gewisse Verpflichtungen zur Unterstützung des Grundbesitzes eingegangen und erfüllt hat (conf. S. 7 und 8), hatte jedoch, wie es die Natur derselben, wie aller Aktiengesellschaften mit sich bringt, im allgemeinen mehr den Erwerb aus dem Kreditgeschäft, als dessen gemeinnützige Bedeutung im Auge. Das Prinzip genossenschaftlicher Selbsthilfe auf dem Gebiet des Hypothekarkreditwesens wurde erst durch die in jüngster Zeit gegründete Bayerische Landwirtschaftsbank realisiert. Beiläufig sei hier erwähnt, dafs von den 40 im Deutschen Reich bestehenden Hypothekenbanken 7 allein auf Bayern entfallen.

Hinsichtlich des Umfangs der Leistungen stehen die bayerischen Hypothekenbanken an der Spitze ihrer innerhalb des Reichs arbeitenden Schwesteranstalten. Die Bayerische Hypothek- und Wechselbank ist ebenso die älteste, wie auch die weitaus bedeutendste Aktien-Hypothekenbank in Deutschland. Die zweitgröfste Hypothekenbank des Deutschen Reichs — die preufsische Centralbodenkreditaktiengesellschaft — blieb nach der Statistik des Jahres 1899, was Darlehensbestand und Pfandbriefumlauf anlangt, um ein nicht unbedeutendes hinter der zuerst genannten zurück. Bei der Hypothek- und Wechselbank betrug nämlich Ende des Jahres 1899[1]) der Darlehensbestand 814 108 886 M. — davon waren 272 108 324 M. auf Anwesen mit landwirtschaftlichen Betrieb ausgegeben —, der Pfandbriefumlauf 777 528 400 M., während bei der preufsischen Centralbodenkreditaktiengesellschaft der erstere Posten mit nur 563 693 000 M. wovon 141 384 567 M. auf landwirtschaftliche Grundstücke, der letztere d. i. Umlauf der Pfandbriefe und Kommunalobligationen mit 588 059 500 M. figuriert. Bemerkenswert erscheint die Thatsache, dafs das Pfandbriefsystem,

---

[1]) Geschäftsberichte der beiden Anstalten 1899.

welches bei den preufsischen Landschaften seit Beginn ihres Bestehens eingeführt war, in Bayern erst seit Anfang der sechziger Jahre Aufnahme gefunden hat (conf. hierzu S. 3 und S. 9 ff.). Dieser Zeitpunkt bedeutet für Bayern den Aufschwung des Darlehensgeschäftes mit unkündbaren Amortisationsdarlehen, weil damit erst die Möglichkeit vorhanden war, gröfseren Anforderungen des Realkredits zu genügen. Bemerkenswert aber erscheint anderseits auch der Umstand, dafs die bayerischen Hypothekarkreditinstitute in höherem Mafse den kleinbäuerlichen Verhältnissen Rechnung trugen wie die preufsischen. Wir verweisen hier auf die Ausführungen S. 29 ff., wo ziffermäfsig dargethan ist, dafs die Darlehen in niedrigen Beträgen in nicht unbedeutender Anzahl figurieren. In Preufsen hingegen war bis vor kurzer Zeit für den Bauern schlecht gesorgt, nachdem die speciell für die landwirtschaftliche Kreditbefriedigung errichteten Landschaften anfänglich nur dem Grofsgrundbesitz eine Stütze boten und erst seit den achtziger Jahren ein Umschwung dahin eintrat, dafs auch dem Bauern die Vorteile dieser Anstalten nicht vorenthalten blieben. Zu Gunsten der Landschaften kann konstatiert werden, dafs sie in den letzten Jahren lebhaft die Umwandlung der bäuerlichen Privathypotheken in unkündbare Pfandbriefdarlehen in Angriff genommen haben, und dafs »der ritterschaftliche Grofsgrundbesitz freiwillig und aus socialem Pflichtgefühl dem kleineren Grundbesitz die Teilnahme an den Vorteilen des landwirtschaftlichen Kredits ermöglichte«.[1])

Die Einführung des Pfandbriefsystems, ein Wendepunkt in der Geschichte des Kreditwesens in Bayern, dürfte für die Landwirtschaft verschiedenartige Wirkung — Vor- und Nachteile — nach sich gezogen haben. Denn einerseits bewirkte die Einführung und weitere Verbreitung des Hypothekdarlehens zu festem, invariablen Zinsfufs unter Unkündbarkeit seitens des Gläubigers, Zwangsamortisation seitens des Schuldners wesentlich günstigere Bedingungen, ein nicht zu verkennender Vorteil. Anderseits aber

---

[1]) Verwaltungsbericht der Hauptritterschaftsdirektion über verschiedene Zweige der ihr unterstellten Institutsverwaltung 1899, S. 41.

äufsert sich die Wirkung der erleichterten Kreditaufnahme in einer bedeutenden Zunahme der Grundverschuldung. Bei unseren diesbezüglichen Ausführungen (S. 44 ff.) haben wir bereits darauf aufmerksam gemacht, dafs die Verschuldungshöhe bei einem grofsen Teil des Grundbesitzes die Grenzen der Kreditfähigkeit noch nicht überschritten zu haben scheint, und so glauben wir uns dahin entscheiden zu können, dafs durch das System der unkündbaren, amortisierbaren Pfandbriefdarlehen die Nachteile einer zunehmenden Grundverschuldung in keinem Verhältnis stehen zu den grofsen Vorteilen der Unkündbarkeit und der konstant sich vollziehenden Schuldentlastung. Weist doch der letzte Jahresbericht der Hypothek- und Wechselbank nach, dafs bei dieser Anstalt seit Beginn des Pfandbriefdarlehensgeschäftes (i. J. 1864) bis Ende des Jahres 1899 die amortisationsweisen Kapitaltilgungen 127 996 606 M. betragen, d. i. nahezu $^1/_7$ des damaligen Darlehensbestandes.

Der Zukunft mufs es vorbehalten bleiben, das Problem einer rascheren Schuldentilgung zu lösen. Die neuerlich projektierte Hypothekentilgungsversicherung könnte, wenn sie überhaupt Aufnahme findet, als Hauptvorteil bieten, dafs sich eine Schuldentilgung in bedeutenderem Umfang im Moment des Besitzwechsels beim Erbübergang unter allen Umständen vollzieht. Dafs jedoch die Schuldentilgung mittels Hypothekentilgungsversicherung unter normalen Verhältnissen eher langsamer vor sich geht, als mittels eines entsprechenden Amortisationsverfahrens, haben wir bereits bei dem diesbezüglichen Abschnitt (S. 50) erwähnt.

Der Umfang der gegenwärtigen Grundverschuldung legt die Frage nahe, ob die in den letzten Jahrzehnten dank der Thätigkeit der Hypothekenbanken stattgefundene Mehrung der Grundschulden den Charakter einer produktiven oder konsumtiven Kreditaufnahme trägt. Sicher ist, dafs mancher Betriebskredit, der in Form des Personalkredits hätte aufgenommen werden sollen, als Hypothek figuriert. Sei es nun, dafs irgend welche besonderen Umstände Anlafs boten, zu einer derartigen Kreditaufnahme zu schreiten, so wird jedenfalls der Darlehensnehmer in manchen Fällen durch die Bequemlichkeit der unkündbaren Hypothek dazu verleitet, den an und für sich benötigten Kapitalsbetrag, so weit es angeht, zu steigern, um damit zugleich seinem allenfallsigen Bedürfnis nach reinem Konsumtivkredit mit Rechnung zu tragen: aus einem schwebenden Kredit, der rasch getilgt werden sollte, ist damit eine konsolidierte Schuld mit langsamer Abzahlung geworden. Die chronisch gewordenen Schwierigkeiten des landwirtschaftlichen Unternehmens lassen wohl auch vermuten, dafs ein Teil der soeben erwähnten Art von Kreditaufnahmen durch augenblickliche Notlage veranlafst ist. Doch darf die Vermutung ausgesprochen werden, dafs dergleichen Fälle oder gar Kreditaufnahmen zu rein konsumtiven Zwecken nicht das Gros der Hypothekaufnahmen ausmachen, dafs hingegen Anleihen zu Erbabfindungen, zum Ankauf von Grund und Boden, zu Bauten, Meliorationen u. s. w. die Regel bilden werden, Fälle, welche zumeist den Stempel des Produktivkredits tragen. Überdies wollen wir nicht übergehen, darauf hinzuweisen, dafs Grunderwerb und Erhaltung des Grundbesitzes in der Familie bei Erbgang oftmals die Amortisationshypothek als unabweisbare Notwendigkeit erscheinen lassen. Ein Anerbenrecht ohne unkündbare Amortisationshypothek ist nicht wohl durchführbar (conf. hierzu S. 43 und f.).

Wenn wir die Krediteinrichtungen, wie sie jetzt im Königreich Bayern bestehen, mit den Zuständen früherer Zeiten vergleichen, so sind die grofsen Fortschritte auf dem Gebiete des Real- wie Personalkredits unverkennbar. Hier die seit den sechziger Jahren fortlaufende Gründung von Hypothekenbanken mit Pfandbriefsystem, Unkündbarkeit und Amortisation, dort das seit den siebziger Jahren ungeahnte Aufblühen der Kreditassociationen unter Anwendung des Kontokorrentverkehrs auf den landwirtschaftlichen Betrieb und unter gleichzeitiger Berücksichtigung dessen eigenartiger Produktionsweise durch die Raiffeisenvereine, der Zusammenschlufs in den Landesverband und das segensreiche Wirken der Centraldarlehenskasse als Geldausgleichstelle.

Als Ziel, dessen Realisierung von seiten des Darlehensnehmers angestrebt werden soll, mufs gelten: für den Realkredit — die Sonderung der Kreditaufnahme mit Rücksicht auf den Darlehenszweck. Denn der Realkredit soll nur Ersatz des benötigten Anlagekapitals bieten. Keine Kreditaufnahme ohne Tilgungsplan (Amortisation)! Für den Personalkredit — fortwährende Bilanzierung der Gelderhebungen mit den Geldeinlagen, wo möglich Kapitalbildung durch Spareinlagen. Für die Kreditanstalten — stetige Weiterverbreitung des Genossenschaftsprinzipes als billigste Kreditquelle.

Eine in diesem Sinn fortschreitende Entwicklung der Kreditorganisation wird die Landwirtschaft leistungs- und konkurrenzfähig erhalten.

www.ingramcontent.com/pod-product-compliance
Lightning Source LLC
LaVergne TN
LVHW081341011026
849161LV00013BB/2971
* 9 7 8 3 4 8 6 7 3 0 4 9 4 *